El
conflicto original
de la

CRISIS

el fracaso del marxismo

el agotamiento del capitalismo liberal

un nuevo vínculo

Primera edición en papel – Mayo 2.020
Diseño de Tapa por Eliana López Janavel
Ed. Autor – República Argentina
Amazon – KDP

ISBN-978-987-86-4529-2

D. W. López Sillero

Índice

Prólogo

Tal vez no soy el más indicado para prologar esta obra. David es mi hermano menor. Sólo espero que esta circunstancia no me impida ser objetivo y orientador para el lector interesado en estos temas.

El Conflicto Original de la Crisis es el título de la obra, pero no es esta una de las crisis a las que nos hemos acostumbrado a través del transcurso de nuestra vida, es una crisis distinta, una crisis de modelos, de dogmas, de pensamientos, que inevitablemente nos han traído a la realidad actual.

El pensamiento Liberal y el Comunista nos vienen de antes de Platón, que en su "República" plantea ya la comunidad social, en cambio, Protágoras sostiene que "El hombre es la medida de todas las cosas..."; asimismo, Aristóteles ya introduce en sus escritos la idea de la "propiedad privada".

El Conflicto Original de la Crisis hace un análisis histórico y actual de estas dos tendencias pero desde un punto de vista más profundo, más real, más comprensible, mostrando las falencias de dos sistemas contrapuestos que rigen actualmente en distintos países del mundo con diferencias notables.

Las citas de autores argentinos y extranjeros confirman lo manifestado y complementan el pensamiento del análisis objetivo.

El fracaso del Marxismo y el agotamiento del Capitalismo Liberal se desarrollan con una profundidad admirable, de comprensión rápida, con análisis de sus diferentes aspectos. El lector debe conocer o tener referencia de los grandes pensadores y filósofos como Marx; Engels; Hegel; entre otros, que son parte integrante de esta obra.

La Revolución Cubana con Fidel Castro y el Che Guevara a la cabeza fueron el producto de las dos ideologías imperantes, pero no con el análisis profundo que encontraremos en este trabajo.

Se propone, como lógico pensamiento, un sistema que nos viene de los Griegos, con sus defectos y aciertos: la Democracia, pero con conceptos modernizantes y proyectos perfeccionadores.

La lectura de este trabajo enriquece la cultura y conocimientos de dogmas aún hoy en vigencia, con aportes que permitirán superarlos para bien de la sociedad.

Wilfrido Daniel López

Prefacio

Las concepciones vertidas en este trabajo tienen el ambicioso propósito de llegar a constituirse en un aporte significativo para mejorar la condición humana. Afortunadamente, habiendo iniciado este escrito hace un par de años, he podido terminar de redactar el núcleo de cada concepción y está listo para su edición justamente en el momento en que más útil puede llegar a ser pues los seres humanos estamos viviendo el inicio de una profunda crisis global, quizá la más grave de nuestra historia.

La velocidad que los acontecimientos económicos y políticos imprimieron al desenlace de la crisis durante los últimos meses, a la que sumaron la pandemia viral del año en curso, obligó a apurar la redacción, como anticipé en el párrafo anterior, limitándola a lo nuclear de los conceptos; lo cual ha dificultado la organización de la estructura del trabajo. Ello, el contenido de los temas y el tenor del enfoque con que se tratan, harán que su comprensión requiera del lector un esfuerzo mayor que el habitual para este tipo de temáticas, no obstante haber intentado el uso de un vocabulario y una fraseología lo más accesible posibles, con la intención de llegar a una vasta cantidad de lectores.

El tratamiento extenso y minucioso de cada tema y otros relacionados, es tarea a la cual me comprometo y para lo cual no dilataré el tiempo.

El análisis del conflicto original pone en evidencia los móviles más recónditos y a la vez de mayor importancia en el comportamiento humano, y de esa manera provee los elementos para comprender la crisis global actual y para concebir la superación de ésta. La clave para lograr la construcción de una nueva condición social con mayor bienestar, más equidad, la posibilidad de mayor libertad y relaciones fraternales, es la creación de un nuevo vínculo productivo-distributivo que remplace al *salarial*. Este vínculo, cuya implementación deberá estar acompañada de reformas económicas y políticas, es el de la *participación proporcional*. Organizados en función de este vínculo, los productores alumbrarán el camino a un nuevo estado de la Civilización hacia el cual estamos en la obligación de dirigirnos, so pena de retroceder a los dramas de la Barbarie.

Este escrito está dirigido a todos, absolutamente a todos, pero especialmente a los ciudadanos productores que con su trabajo producen bienes y servicios; y particularmente, a todo aquel que haya comprendido que su bienestar y su libertad están ligados al bienestar y la libertad de todos.

Que el propósito enunciado en las primeras líneas tenga buen fin y en qué medida, es algo impredecible y, sin dudas, muy difícil pues deberán vencerse muchas barreras para ello. Pero no son pocos los caminos hacia esa meta y, como tan bien lo expresara mi ilustre comprovinciano Domingo Faustino Sarmiento "¡Las dificultades se vencen, las contradicciones se acaban a fuerza de contradecirlas!"

Mi profundo agradecimiento a mis hermanos, el Ing. Wilfrido Daniel López y el Dr. Douglas Tito López, por todo el trabajo que hicieron para que este escrito sea claro y coherente; a mi sobrina, Lic. Eliana López Janavel, por el adecuado diseño de la portada, a mi hija, Victoria, que ha suplido maravillosamente mi ignorancia digital y a mi esposa, Delia, por su comprensión y sus atenciones, sin las que este escrito hubiera sido más difícil.

D. W. López Sillero

A mis hijos y nietos...

porque de ellos es el futuro.

Introducción

El conflicto original

Un conflicto profundo y extenso nos comprende a todos. Un conflicto atávico. Un conflicto que da forma a nuestros comportamientos desde nuestros más lejanos ancestros, desde nuestros orígenes. Lo iniciamos durante los comienzos de nuestra civilización y lo mantenemos presente en nuestros comportamientos actuales.

Es original, en consecuencia, por ambas razones: porque se encuentra en el origen de nuestra cultura y porque está en el origen de nuestros comportamientos.

Este conflicto, al que, por eso, he llamado "el conflicto original", está en la base de nuestra crisis actual que, aunque algunos la perciben como crisis de la economía, otros como crisis de la política, otros como crisis moral, atraviesa toda la cultura de la civilización.

Es el conflicto entre la Civilización y la Barbarie, entre la tendencia a comportarnos como el hombre civilizado y la tendencia a comportarnos como el bárbaro.

Este conflicto, que ha sido causa de mejoras en la protección de los progresos productivos, ha servido para potenciar superlativamente la supervivencia de la especie y, con ella, de la vida toda. Muchas de las técnicas creadas para la defensa de la producción, de los procesos productivos y de los productores mismos, así como otras desarrolladas por el contrario para apropiarse de la producción de otros, han generado ideas y aplicaciones útiles para mejorar las condiciones y la calidad de vida; incluso la acumulación de riquezas mediante vínculos reprochables, ha servido para la ejecución de obras y el desarrollo de tecnología que hoy proporcionan tranquilidad respecto de la protección de la humanidad y de la vida toda, frente a peligros catastróficos naturales, como, por ejemplo, la colisión de un asteroide de dimensiones considerables con nuestro planeta.

Sin embargo, este conflicto hoy nos enfrenta entre nosotros de una manera preocupante y la gravedad de las dificultades extrema los comportamientos ante la incertidumbre por falta de un ideario que oriente hacia su superación, poniéndonos en la situación de optar por esforzarnos para *mejorar las estrategias civilizadoras o abandonarnos a los dramas del retroceso, a la barbarie.*

Los conflictos de diversos tipos con que venimos enfrentándonos unos contra otros desde hace algo más de cinco mil años, tienen como trasfondo **el conflicto original**. Conflictos territoriales, conflictos religiosos, conflictos raciales, conflictos económicos, etc., tienen todos, expresa o implícitamente, la motivación del conflicto original; **la lucha entre la tendencia del bárbaro y la del civilizado**.

Durante un par de millones de años los humanos sobrevivimos alimentándonos de lo que cazábamos y de los vegetales comestibles que encontrábamos, como frutas y tubérculos; éramos cazadores-recolectores; como cualquier otro animal. Pero hace algo menos de veinte mil años entendimos cómo es que los vegetales se reproducen, y creamos técnicas para manejar nosotros esa reproducción y poner a nuestra disposición los frutos. Creamos la agricultura: el arte de cultivar la tierra para obtener sus frutos. Y así, algunos de nosotros pasamos de cazadores-recolectores a productores. Eso obligó a cambios muy importantes en el modo de vida de esos primeros grupos de productores agrícolas, debido a que dejaron de vagar de un lado a otro y se instalaron de manera permanente en la margen de algún río o en un terreno húmedo donde pudieran obtener sus alimentos, fruto de su trabajo. Debieron darse una organización para convivir y producir y, sobre todo, para proteger los cultivos y la producción del avance de otros grupos de humanos que continuaban vagando como cazadores-recolectores y que no sabían de cultivar, de trabajar combinando agua, tierra y semillas para producir el sustento, sino que solamente tomaban lo que encontraban y lo consumían, arrasando los sembradíos y echando a perder el esfuerzo de los productores. Eso obligó a cercar los poblados y luego a amurallar las ciudades, entre otras estrategias defensivas.

Así se inicia el proceso civilizatorio. Son grupos en los que predomina el desarrollo de la tendencia del productor sedentario, sobre la tendencia del cazador-recolector nómade. La Civilización se asienta sobre las normas que surgen de las nuevas relaciones productivas y las potencian.

Pero dejemos constancia aquí de que *ambas tendencias están presentes en nuestra herencia grupal e individual*; y que la tendencia del cazador-recolector, el bárbaro, es aún hoy la más fuerte pues la hemos practicado durante un par de millones de años; en cambio la tendencia del productor, el civilizado, sólo desde hace unos pocos miles.

El antropólogo, arqueólogo y educador peruano, Luis Lumbreras, detalló claramente estos comportamientos en su estudio de la economía de los pobladores precolombinos de Los Andes. Da cuenta, en el libro[1] que escribe con sus colaboradores, de que el proceso durante el cual esos primeros habitantes andinos se convirtieron en agricultores y pasaron del paleolítico al neolítico, se basó en creaciones tecnológicas relacionadas con la necesidad de proveerse de alimentos, inaugurando con ello nuevos vínculos entre los miembros de esas comunidades. Relata Lumbreras cómo la producción agrícola y los medios de producción, ambos resultantes del trabajo humano, dieron origen a derechos que habían de ser protegidos. Y cómo fue también necesario establecer reglas que afirmaran el derecho sobre los bienes creados con esfuerzo propio. Esa nueva realidad generó necesariamente el derecho a la propiedad.

Antes del desarrollo de la agricultura, la prioridad del consumo de los alimentos que se obtenían por medio de la recolección espontánea estaba regulada por la fuerza, como entre los miembros de cualquier otro grupo de animales. A partir de la producción agrícola, el consumo de los alimentos que se obtenían mediante las tareas de siembra, cuidados y cosecha, era prioridad de la persona que realizaba esas actividades. Nació así el derecho de propiedad, que reconoce que el producto del trabajo de una persona le pertenece, le es "propio"; y el área de cultivo, la tierra que se trabaja para producir los alimentos, se convirtió en "propiedad" común del grupo.

Esa nueva realidad, que dio origen a nuevos vínculos, a nuevas relaciones entre las personas y que estuvo asentada en un terreno en el que el grupo, entonces sedentario, desarrollaba sus actividades productivas, exigió de protección contra depredadores tanto animales como de otros grupos de humanos que aún continuaban consumiendo lo que encontraban o que su producción no era suficiente para satisfacer todas sus necesidades. Para atender a esa protección, a la defensa de su lugar de producción, de sus medios y del producto de su trabajo, una nueva organización social también fue necesaria: la división del trabajo y la jerarquización de tareas irrumpieron en la escena como estrategias de potenciación y de conservación de la propiedad.

---

[1] Economía prehispánica, Tomo 1, Luis lumbreras y otros, Ed. Carlos Contreras, Perú 2010.

Con el cultivo de la tierra se inicia el cultivo de la humanidad.

El proceso de humanización, que avanzó tan lentamente durante dos millones de años, con la agricultura dio un salto enorme diferenciando definiva y rotundamente al humano del resto de los animales.

No obstante, a pesar de los cerca de veinte mil años transcurridos desde que los conocimientos de agricultura se difundieron a casi todos los humanos y de que las técnicas de cultivo han sido mejoradas muchísimo, hoy siguen habiendo personas que prefieren comportarse como cazadores-recolectores y vivir del fruto del trabajo de los productores: toman todo lo que encuentran porque nada significan para ellos los principios de convivencia, necesarios sí para los productores; no hay reglas ni moral válida para los cazadores-recolectores porque sólo los guía el principio de la satisfacción personal, individual; las normas sociales, la ley, con las cuales hemos creado cultura son para ellos un obstáculo a sus deseos y, como lo vienen haciendo desde algo menos de veinte mil años, las eluden y las violan con engaños y ardides, o con la fuerza si les es posible; solamente acatan las normas, los convenios sociales, las leyes, cuando se ven obligados ante la posibilidad de ser sancionados por las instituciones creadas por los productores; no aceptan el acuerdo de convivencia porque su instinto les impulsa a tomar todo lo que encuentran y no están dispuestos a hacer esfuerzo alguno para cooperar en la producción.

Si bien todos somos portadores de ambas tendencias, en quienes impulsan la convivencia en paz y para ello promueven el respeto al *acuerdo social* que asegure el bienestar general basado en el trabajo y la distribución equitativa de lo producido, predomina el comportamiento del productor. Y, por el contrario, en quienes pretenden vivir y enriquecerse apropiándose del producto del trabajo ajeno, predomina el comportamiento del cazador-recolector.

Para obtener los frutos del trabajo, el productor promueve la paz, el acuerdo para organizar las actividades, la cooperación, el respeto mutuo, el progreso del conocimiento, la previsión, el valor del futuro, el ahorro, etc., creando constantemente mejoras para aumentar el nivel de bienestar; es **la cultura del hombre civilizado**. En cambio, el cazador-recolector es predador, sus estrategias son el engaño y la violencia para lograr la apropiación y el consumo de lo que encuentra, incluso y mejor aún, de los frutos del trabajo del productor; el engaño, el atropello y el abuso, francos o disimulados, son sus modos de relacionarse con los otros; es **la contracultura del hombre**

bárbaro.

Obviamente, la relación entre el comportamiento de productores y el comportamiento de cazadores-recolectores, es una relación conflictiva: ése es el profundo conflicto que nos viene desde nuestros orígenes y que hoy, en nuestro país, como ya sucediera en el siglo XIX, ha tomado una dimensión descarnada.

Es imperativo que quienes bogamos para ser cada día mejores seres humanos, abonemos la tendencia de los productores, del trabajo productivo con el que pasamos de la animalidad a la humanidad y hagamos el esfuerzo para que las leyes, las reglas de convivencia, las normas y el *acuerdo social*, se cumplan y mejoren regularmente.

Los argentinos, especialmente, debemos reconocer en nuestra propia experiencia la gravedad de un retroceso a la barbarie.

Capítulo I

Un antecedente
en la historia argentina

Un compatriota nuestro, Domingo Faustino Sarmiento, que vivió el drama del dominio de la Barbarie sobre la Civilización fue el único que vio este conflicto atávico con meridiana claridad y lo dejó escrito en la memoria literaria para nosotros, sus descendientes y para toda la humanidad, en su obra "Facundo":

"Este estudio que nosotros no estamos aún en estado de hacer por nuestra falta de instrucción filosófica histórica, hecho por observadores competentes, habría revelado a los ojos atónitos de la Europa, un mundo nuevo en política, una lucha ingenua, franca y primitiva entre los últimos progresos del espíritu humano y los rudimentos de la vida salvaje, entre las ciudades populosas y los bosques sombríos." [2] *"He creído explicar la Revolución argentina con la biografía de Juan Facundo Quiroga, porque creo que él explica suficientemente una de las tendencias, una de las dos fases que luchan en el seno de aquella sociedad singular."* [3]

"… un caudillo que encabeza un gran movimiento social no es más que el espejo en que se reflejan, en dimensiones colosales, las creencias, las necesidades, preocupaciones y hábitos de una nación en una época dada de su historia."

"… queríamos la unidad en la civilización y la libertad, y se nos ha dado la unidad en la barbarie y la esclavitud." [4]

"La vida de los campos argentinos, tal como la he mostrado, no es un accidente vulgar, es un orden de cosas, un sistema de asociación característico, normal, único a mi juicio en el mundo, y él solo basta para explicar toda nuestra revolución. Había antes de 1810 en Argentina dos sociedades distintas, rivales e incompatibles; dos civilizaciones diversas: la una española, europea, culta, y la otra, bárbara, americana, casi indígena; y la revolución de las ciudades sólo iba a servir de causa, de móvil, para que estas dos maneras de ser de un pueblo se pusiesen en presencia una de otra, se acometiesen, y después de largos años de lucha la una absorbiese a la otra." [5]

"Los otros pueblos americanos, que indiferentes e impasibles, miran esta lucha y estas

---

[2] *Domingo Faustino Sarmiento, "FACUNDO", Ed. El Cid SA, Bs. As., Argentina, 2.004, p 21.-*

[3] Op. cit. p. 24.-

[4] Op, cit. p. 32.-

[5] Op. cit. p. 66.-

alianzas de un partido argentino con todo elemento europeo que venga a prestarle su apoyo, exclaman a su vez llenos de indignación: "¡estos argentinos son muy amigos de los europeos! Y el tirano de la República Argentina se encarga oficiosamente de completarles la frase, añadiendo: "¡traidores a la causa americana!". ¡Cierto!, dicen todos; ¡traidores!, ésta es la palabra, ¡Cierto! Decimos nosotros; ¡traidores a la causa americana, española, absolutista, bárbara! ¿No habéis oído la palabra salvaje que anda revoloteando sobre nuestras cabezas? De eso se trata: de ser o no ser salvaje. ¿Rosas, según esto, no es un hecho aislado, una aberración, una monstruosidad? ¡Es, por el contrario, una manifestación social; es una fórmula de una manera de ser de un pueblo! ¿Para qué os obstináis en combatirlo, pues, si es fatal, forzoso, natural y lógico? ¡Dios mío! ¡Para qué lo combatís!... ¿Acaso porque la empresa es ardua, es por eso absurda? ¿Acaso porque el mal principio triunfa, se le ha de abandonar resignadamente el terreno? ¿Acaso la civilización y la libertad son débiles hoy en el mundo, porque la Italia gima bajo el peso de todos los despotismos, porque la Polonia ande errante sobre la tierra mendigando un poco de pan y un poco de libertad? ¡Por qué lo combatís!... ¿Acaso no estamos vivos los que después de tantos desastres sobrevivimos aún; o hemos perdido nuestra conciencia de lo justo y del porvenir de la patria porque hemos perdido algunas batallas? ¡Qué! ¿Se quedan también las ideas entre los despojos de los combates? ¿Somos dueños de hacer otra cosa que lo que hacemos, ni más ni menos como Rosas no puede dejar de ser lo que es? ¿No hay nada de providencial en estas luchas de los pueblos? ¿Concedióse jamás el triunfo a quien no sabe perseverar? Por otra parte, ¿hemos de abandonar un suelo de los más privilegiados de la América a las devastaciones de la barbarie, mantener cien ríos navegables, abandonados a las aves acuáticas que están en quieta posesión de surcarlos ellas solas desde ab initio? ¿Hemos de cerrar voluntariamente la puerta a la inmigración europea que llama con golpes repetidos para poblar nuestros desiertos, y hacernos, a la sombra de nuestro pabellón, pueblo innumerable como las arenas del mar? ¿Hemos de dejar, ilusorios y vanos, los sueños de desenvolvimiento, de poder y de gloria conque nos han mecido desde la infancia, los pronósticos que con envidia nos dirigen los que en Europa estudian las necesidades de la Humanidad? Después de la Europa, ¿hay otro mundo cristiano civilizable y desierto que la América? ¿Hay en la América muchos pueblos que estén, como el argentino, llamados por lo pronto a recibir la población europea que desborda como el líquido en un vaso? ¿No queréis, en fin, que vayamos a invocar la ciencia y la industria en nuestro auxilio, a llamarlas con todas nuestras fuerzas, para que vengan a sentarse en medio de nosotros, libre la una de toda traba puesta al pensamiento, segura la otra de toda violencia y de toda coacción? ¡Oh! ¡Este porvenir no se renuncia así no más! No se renuncia porque un ejército de veinte mil hombres guarde la entrada de la patria: los soldados mueren en los combates, desertan o cambian de bandera. No se renuncia porque la fortuna haya favorecido a un tirano durante largos y pesados años: la fortuna es ciega, y un día que no acierte a encontrar a su favorito entre el humo denso y la polvareda sofocante de los combates, ¡adiós tirano! ¡adiós tiranía! No se renuncia porque todas las brutales e ignorantes tradiciones coloniales hayan podido más en un momento de extravío en el ánimo de masas inexpertas; las convulsiones políticas traen también la experiencia y la luz, y es ley de la humanidad que los intereses nuevos, las ideas fecundas, el progreso, triunfen al fin de las tradiciones envejecidas, de los hábitos ignorantes y de las preocupaciones estacionarias. No se renuncia porque en un pueblo haya millares de hombres candorosos que toman el bien por el mal; egoístas que sacan de él su provecho; indiferentes que lo ven sin interesarse; tímidos que no se atreven a combatirlo; corrompidos, en fin, que, no conociéndolo se entregan a él por inclinación al mal, por depravación; siempre ha habido en los pueblos todo esto, y nunca el mal ha triunfado definitivamente. No se renuncia porque los demás pueblos americanos no pueden prestarnos su ayuda; porque los gobiernos no ven de lejos sino el brillo del poder organizado, y no distinguen en la obscuridad humilde y desamparada de las revoluciones, los elementos grandes que están forcejeando por desenvolverse, porque la oposición pretendida liberal abjure de sus principios, imponga silencio a su conciencia,, y, por aplastar bajo su pie un insecto que importuna, huelle la noble planta a que ese insecto se apegaba. No se renuncia porque los pueblos en masa nos den la espalda a causa de que nuestras miserias y nuestras grandezas estén demasiado lejos de su vista para que alcancen a conmoverlos. ¡No!, no se renuncia a un porvenir tan inmenso, a una misión tan elevada, por ese cúmulo de contradicciones y dificultades. ¡Las dificultades se vencen, las contradicciones se acaban a fuerza de contradecirlas!" [6]

---

[6] Op. cit. pp. 21, 22, 23.-

Capítulo II

La situación actual

Los idearios dominantes

Dos idearios o ideologías han predominado durante los últimos ciento setenta años, siendo propuestos como solución a los problemas económicos y sociales que se presentaron ante las reiteradas crisis del sistema capitalista: el marxismo y el capitalismo liberal. Aún hoy, a pesar del fracaso del marxismo y del agotamiento del capitalismo liberal, ante la falta de una alternativa, ambos idearios siguen vigentes sostenidos por intelectuales y políticos que más que para lograr la solución que proponen, los usan para obtener beneficios personales y sectoriales.[7] Esto agrava la situación puesto que, mientras tanto, se profundiza la crisis, se exacerban los ánimos, se extreman los comportamientos y los conflictos se multiplican, aumentan los sufrimientos y se pierden valiosas vidas. Pero, aún más, al haber logrado la globalización del sistema, la crisis actual no es otra cualquiera en la cadena de crisis del sistema: hoy estamos ante una situación terminal, una encrucijada con sólo dos opciones: *Civilización o Barbarie.*

---

[7] La obra de Nicolás Márquez y Agustín Laje, "El libro negro de la nueva izquierda", editado por Grupo Unión en Buenos Aires, en 2016, cuya primera edición tengo en mis manos, es un claro y categórico ejemplo del uso que se está haciendo del ideario marxista para desviar las manifestaciones del descontento social, hacia reivindicaciones que mantengan a los disconformes alejados de producir un cambio verdaderamente revolucionario y, al mismo tiempo y por esa misma razón, mantenerles abonando a la supervivencia del statu quo que provee de privilegios a sus promotores.

Promueven la difusión e inserción masiva de las reivindicaciones sectoriales que ese libro trata y de otros temas distractivos, tanto dirigentes que se autoproclaman "progresistas", "de izquierda", "socialistas", con el propósito de canalizar el descontento de sectores sociales hacia metas intrascendentes y, al mismo tiempo, de lograr la adhesión masiva y así encaramarse o sostenerse en el poder político, así como también lo hacen grandes empresarios que se dicen "filántropos", para que nada fundamental cambie y puedan mantener sus privilegios.

Si bien el trabajo realizado por Laje y Márquez es muy respetable por la seriedad con que está fundamentada la información allí consignada, no acuerdo con sus conclusiones porque la izquierda idealista revolucionaria ha desaparecido y no está renovándose o utilizando ideologías de género para revitalizarse, no; como expuse más arriba, sostengo que son dos sectores los que promueven estas estrategias: poder económico y financiero del más alto nivel y demagogos predadores del producto del trabajo social. El mismo Laje lo consigna categóricamente en la página 136 del libro mencionado, señalando que muchas organizaciones feministas y *centros de estudios teóricos que promueven* la ideología de género y el aborto, reciben importantes sumas de dinero del poder financiero mundial, como el International Planned Parenthood Federation (IPPL), siendo parte de ese dinero donado por Bill y Melinda Gates, y por la Fundación Ford. También del magnate Warren Buffett ha donado cerca de 300 millones de dólares. Además, relata Laje, la filial estadounidense de IPPL, el Planned Parenthood Federation of America, ha sido acusada de vender fetos abortados a la industria cosmética y de traficar órganos.

Es imperioso revisar los idearios mencionados para encontrar las razones de su ineficacia y los contenidos que puedan ser aprovechados en función de la elaboración de una alternativa superadora, basada en una visión diferente de la realidad y sus orígenes.

El fracaso del marxismo

En el ideario marxista pueden distinguirse una concepción de la historia, una concepción de la sociedad humana, una concepción del ser humano y una concepción de la economía política, todas entrelazadas por la dialéctica y el materialismo.

La concepción marxista de la historia

Desde el marxismo, la historia fue concebida como cambios continuos determinados por el esquema dialéctico previamente establecido por Hegel (filósofo alemán que fue profesor de Marx) y, además, cambios definidos desde una visión materialista.[8] De esa manera, en cada época histórica se constituiría

---

[8] En muy apretada síntesis, diremos que se creó así la concepción materialista dialéctica de la Historia, y el materialismo dialéctico como método para comprender y explicar los movimientos y los cambios de la realidad social.

Ese esquema, básicamente postula que cada fenómeno o tesis, genera el fenómeno contrario, su opuesto, su antítesis; que luego se establece una lucha entre ambos, lucha que se define a favor del último por ser el que promueve el avance de la historia; pero esta definición produce un nuevo fenómeno, denominado síntesis, que a su vez genera su opuesto, continuando así el movimiento de la realidad y de la historia. También puede verse como que cada fenómeno produce su propia negación y de esa manera estamos ante una cadena de negaciones, siendo cada fenómeno la negación de otra negación.

La dialéctica hegeliana intentó ser una lógica de la realidad; esto es, igualar el movimiento y cambios de los fenómenos objetivos, con el movimiento y cambios del pensamiento subjetivo; a diferencia de la lógica formal aristotélica que tuvo el propósito de ser un método de construcción de pensamientos verdaderos, acerca de la realidad. Hegel llevó el Racionalismo, triunfante en la Modernidad a partir del éxito de la ciencia experimental, a su máxima expresión mediante la lógica dialéctica. "Todo lo real es racional y lo racional es real" habría dicho, suprimiendo todas las dificultades del conocimiento de lo real mediante la razón lógica y dialéctica.

Desde esa concepción, cada situación, cada hecho, es considerado un momento de la realidad, por ejemplo, la economía medieval liderada por el señor feudal; siendo ese momento, a su vez, generador de otro que le fue opuesto: la economía capitalista conducida por el burgués. Dado que son clases antagónicas, entre ambas se estableció una lucha que, necesariamente, fue coronada con la victoria de la segunda, que pasó a ser dominante. A su vez, el momento de la economía capitalista generaría su opuesto, la economía comunista a crear por el proletario, presentándose así la lucha de clases entre la burguesía y el proletariado, teniendo éste la victoria asegurada por ser el momento nuevo, el último a generar, el que superará al anterior moviendo la Historia hacia adelante. Cada momento es la negación del momento anterior, siendo concebida la Historia, de esa manera, como una cadena de negaciones que en Hegel comienza con el Espíritu Absoluto indeterminado, pasa por la Realidad y termina en el Espíritu Absoluto determinado, en el Estado. Marx, que se reconoció discípulo de Hegel y lo defendió como gran pensador frente a los ataques de algunos otros alemanes, tomó como método la dialéctica de su maestro pero aclaró que lo hizo "poniéndolo de cabeza", es decir, invirtiendo los términos establecidos por Hegel, que partió de la Idea, pasó por la Materia y llegó a otra Idea, de grado superior a la primera; Marx partió de la Materia, pasó por la Idea (el pensamiento, las instituciones, la cultura) y llegó a la Materia, también en un grado superior. Hegel fue categorizado como "idealista", Marx se

una clase social dominante que daría origen a otra clase social opuesta; entre ambas se desarrollaría una lucha, lucha de clases que culminaría con el triunfo de la segunda que, a su vez, se erigiría como clase dominante generando otra clase social opuesta a ella y con la cual entraría en lucha hasta ser derrotada. La lucha de clases fue considerada así el motor de la historia, la causa del devenir dialéctico. Tesis, antítesis y síntesis o negación de la negación son, en esa concepción, los momentos del devenir histórico. En la Antigüedad, el amo y el esclavo; en el Medioevo, el señor feudal y el siervo; en la Modernidad, el burgués y el proletario. Para Hegel, el final de ese devenir de la historia era el espíritu absoluto, que retorna a sí mismo en un grado superior de conciencia; para Marx, ese final era el comunismo científico o la sociedad sin clases, como grado superior del comunismo primitivo. El proletariado derrocaría necesariamente a la burguesía, establecería una dictadura, la dictadura del proletariado y paulatinamente eliminaría las clases sociales y con ello la necesidad del Estado. El comunismo sería la consecuencia natural y necesaria de ese proceso y no habiendo ya clases sociales la historia habría llegado a su fin, que sería similar a su principio, el comunismo primitivo de la prehistoria, aunque ahora en una grado superior; tal como el espíritu absoluto de Hegel.

Al respecto, fue claro Marx cuando escribió que "... esta crítica, en la medida en que una clase es capaz de representarla, sólo puede estar representada por aquella clase cuya misión histórica es derrocar el régimen capitalista de producción y abolir definitivamente las clases: el proletariado." [9]

---

ubicó entre los "materialistas". Y combinando así la dialéctica hegeliana con el materialismo de la ciencia de la época, Marx creó el materialismo dialéctico.

[9] Carlos Marx, El Capital, Versión del alemán por Wenceslao Roces, FCE, México, 1863, p. 14.

Esa concepción de la historia
suprime la libertad.

Si los movimientos de la Historia siguieran, necesariamente, un esquema cualquiera y en el caso del ideario marxista ese esquema es el devenir dialéctico, no podríamos elegir el modo de organizar nuestras relaciones humanas para lograr cambios y superar las dificultades. La creatividad, como fundamento de la libertad, como actividad con la que combinamos elementos para producir algo nuevo, no tendría sentido puesto que los acontecimientos estarían determinados por el devenir dialéctico. Sería inútil todo intento de pensar y esforzarse por organizar una sociedad diferente de la comunista pues ésa sería, inevitablemente, la que sucedería al capitalismo. Marx expresó muy claramente su concepción determinista de la Historia en su obra más trascendente: "Aunque la sociedad haya encontrado el rastro de *la ley natural con arreglo a la cual se mueve* -y *la finalidad de esta obra es, en efecto, descubrir la ley económica que preside los movimientos de la sociedad moderna*-, jamás podrá saltar ni descartar por decreto las fases naturales de su desarrollo. Podrá únicamente acortar y mitigar los dolores del parto." [10] Y más abajo: "Quien como yo concibe el *desarrollo de la formación económica de la sociedad* como un *proceso histórico-natural,* no puede hacer al individuo responsable de la existencia de condiciones de las que él es socialmente criatura, aunque subjetivamente se considere muy por encima de ellas." [11] Él mismo citó una crítica hecha a su trabajo, con la que estuvo completamente de acuerdo, y en la que el crítico expresó: "Marx sólo persigue una finalidad: descubrir la ley de los fenómenos en cuya investigación se ocupa. Pero no sólo le interesa la ley que los gobierna cuando ya han cobrado forma definitiva y guardan entre sí una determinada relación de interdependencia, tal y como puede observarse en una época dada. Le interesa además, y sobre todo, la ley que rige sus cambios, su evolución, es decir, el tránsito de una forma a otra de uno a otro orden de interdependencia. Una vez descubierta esta ley, procede a investigar en detalle los efectos en que se manifiesta dentro de la vida social... Por tanto, Marx sólo se preocupa de una cosa: de demostrar

---

[10] Op. cit. p. 8.
[11] Op. cit. p. 8.

mediante una concienzuda investigación científica la necesidad de determinados órdenes de relaciones sociales y de poner de manifiesto del modo más impecable los hechos que le sirven de punto de partida y de apoyo. Para ello, le basta plenamente con probar, a la par que la necesidad del orden presente, la necesidad de un orden nuevo hacia el que aquél tiene inevitablemente que derivar, siendo igual para estos efectos que los hombres lo crean o no, que tengan o no conciencia de ello. Marx concibe el movimiento social como un proceso histórico-natural regido por leyes que no sólo son independientes de la voluntad, la conciencia y la intención de los hombres, sino que además determinan su voluntad, conciencia e intenciones...”[12].

De manera que, así planteado por Marx, la clase proletaria no podría escapar a su "misión histórica", ni ella ni la burguesía, ni otra clase o persona alguna podrían construir otro orden social que no fuera el comunismo.

Es ésta una de las razones del fracaso del marxismo: **la negación de la libertad**.

Pero si algo nos caracteriza a los humanos, es la creatividad; la actividad de producir cosas y situaciones nuevas. De manera que Marx contradijo lo avalado por él en la cita de su crítico, al afirmar que “... la *sustitución de un valor por otro* se opera mediante la *creación de nuevo valor*” [13], pues el modo en que eso es posible, el que podamos combinar diferentes elementos y producir uno nuevo, es lo que nos hace libres pues generamos alternativas de acción, creamos opciones para elegir. La transformación del medio, desde que pulimos las primeras piedras, fue el inicio de nuestra humanización.

Cuando Engels, entrañable amigo de Marx, colaborador y coproductor del ideario marxista, afirmó que “la libertad es la conciencia de la necesidad”, la relegó al ámbito de la reflexión privando al hombre de la libertad de acción. Porque esa afirmación implica que se es libre cuando se sabe qué es lo que se necesita y supone que, a partir de ahí, se podrá satisfacer esa necesidad. No consideró que un prisionero es consciente de su condición y de su necesidad de estar fuera de la prisión, pero no es libre y no lo será hasta que salga de su encierro, y pueda realizar acciones y elegir entre alternativas diferentes.

Esa concepción de la libertad también fue resultado de una dialéctica determinista, que impide la creación de alternativas entre las cuales elegir

---

[12] Op. cit. pp. 15, 16.
[13] Op. cit. p. 232.

libremente un curso de acción.

Soy libre cuando puedo elegir entre diferentes cursos de acción para alcanzar un fin. Esos diferentes cursos de acción, esas alternativas entre las cuales puedo optar, no me son dadas "naturalmente" sino que son creaciones humanas grupales propias de nuestra actividad transformadora, fundamentalmente humana. Por ejemplo, para cruzar un río caudaloso, cualquier animal terrestre debe hacerlo nadando; no tiene alternativa, no puede optar entre diferentes cursos de acción. Nosotros, los humanos, construimos grupalmente variados tipos de embarcaciones, diferentes clases de puentes y hasta aviones, helicópteros y otros aparatos voladores; así cruzamos ríos, lagos, mares y océanos eligiendo entre todas las creaciones mencionadas aquella que creemos más conveniente al momento de hacerlo. La libertad resulta del trabajo grupal creador de opciones. Por supuesto que aquello que llamamos "idea" es producida por un individuo; pero cada individuo, cada uno de nosotros, no es más que la diferenciación del grupo. Eso Marx lo percibió quizá antes que cualquier otro y lo consignó en sus escritos filosóficos de la siguiente manera: "... incluso cuando yo sólo actúo *científicamente*, etc., en una actividad que yo mismo no puedo llevar a cabo en comunidad inmediata con otros, también soy *social*, porque actúo en cuanto *hombre*. No sólo el material de mi actividad (como el idioma, merced al que opera el pensador) me es dado como producto social, sino que mi *propia* existencia es actividad social, porque lo que yo hago lo hago para la sociedad y con conciencia de ser un ente social." [14]

Como "ente social" es contradictorio afirmar que lo social me condiciona. Es un absurdo el que yo me condicione a mí mismo.

Por lo tanto, Marx se contradijo; y el ideario marxista va en contra de la libertad de acción, de la creatividad, de la generación de alternativas; se opone a lo fundamental del ser humano y esa es una de las razones de su fracaso

Por otra parte, y como correlato de la supresión de la libertad, **la concepción marxista de la historia se constituye en el ideario de un dogma.**

Los dogmas religiosos conciben la historia como un tránsito hacia un fin

---

[14] Karl Marx, Manuscritos, de la Introducción, de Francisco Rubio Llorente, Ed. Altaya S. A., Bs. As., 1997, p. 27.

predeterminado por fuerzas ajenas y superiores al hombre, fin que consiste en un estado de bienestar permanente y que se logra con algún sacrificio. Ése es el mensaje que transmiten los dogmas religiosos imperantes mayoritariamente, el cristianismo, el islam y el judaísmo.

Esos dogmas basados en el monoteísmo, esto es, en la autoridad de un monarca divino, se debilitaron con la irrupción de la burguesía republicana que, o eliminó a la monarquía, como en Francia, o le restó poder, como en Inglaterra. Por esa razón los dogmas teológicos perdieron fuerza para brindar respuesta a la necesidad de dar un sentido trascendente a la existencia, especialmente para quienes llevaban y llevan una vida sacrificada. El ideario marxista reúne los requisitos para llenar ese vacío progresivo dejado por la retracción de los dogmas porque su concepción de la historia lo presenta como la posibilidad de solución para los males que sufren los más débiles, asegurándoles a éstos que están llamados a ser la clase que terminará con los conflictos y sufrimientos sociales, y construirá la sociedad perfecta [15]. Es el nuevo dogma de los pobres de la Modernidad.

Pero la actitud dogmática es la que impide el pensamiento y el accionar críticos. El dogma limita el pensar y el actuar. Los preceptos dogmáticos suprimen la libertad. Fueron utilizados siempre por los poderosos para evitar el cuestionamiento de los gobernados, disciplinarlos, impedir el cambio social y mantener así sus privilegios.

Por ello, la concepción dogmática de la historia que sostiene el marxismo, va en sentido contrario a la posibilidad de elaborar una estrategia para la superación de los problemas generados por el agotamiento del capitalismo liberal.

---

[15] Ver cita n° 9, más arriba. (N. de A.)

La concepción
de la composición del valor

El valor de una mercancía, esto es, el valor del objeto producido para el intercambio, es un concepto clave de cualquier concepción de la economía. Y es en el modo en que Marx concibió la composición del valor de la mercancía, donde se encuentra la mayor debilidad o el error más grave del ideario de la concepción de la economía política marxista.

Veamos algunos párrafos de lo que Marx escribió al respecto:

"Los valores de uso, chaqueta, lienzo, etc., o lo que es lo mismo, las mercancías consideradas como objetos corpóreos, son combinaciones de dos elementos: *la materia, que suministra la naturaleza, y el trabajo. Si descontamos el conjunto de trabajos útiles contenidos en la chaqueta, en el lienzo, etc., quedará siempre un substrato material que es el que la naturaleza ofrece al hombre sin intervención de la mano de éste."* [16] Aquí, Marx concibe la composición de la mercancía como conformada exclusivamente por dos elementos: materia y trabajo. Es importante tener esto en cuenta porque la forma en que luego concibe cada uno de estos componentes, es desde donde desprende el concepto de plusvalía. También es importante porque no considera a los servicios en el intercambio comercial. [17]

Y continúa Marx: *"El poseedor de mercancías puede, con su trabajo,* crear valores, *pero no* valores que engendren nuevo valor. *Puede aumentar el valor de una mercancía, añadiendo al valor existente nuevo valor mediante nuevo trabajo, v. gr. convirtiendo el cuero en botas. La misma materia, el cuero, encerrará ahora más valor, puesto que encierra una cantidad mayor de trabajo."* [18] En este párrafo, Marx agrega a su concepción de mercancía, la concepción de valor, dejando sentado que el trabajo que transforma un objeto material es lo que crea valor. Y que una vez creado un valor, esto es, una mercancía, solamente puede agregársele valor si se le vuelve a agregar trabajo. [19]

Más adelante, Marx reafirma su concepción del valor con un ejemplo en el

---

[16] Op. cit. pp. 47, 48.

[17] Posiblemente eso se deba a que en la época en que él escribió, los servicios no incidían significativamente en el movimiento de la economía.

[18] Op. cit. p.183.

[19] Es ahí donde Marx se equivocó. Veremos luego cómo y las consecuencias de ese error. (N de A).

que detalla las cantidades, para mostrar que, según él lo concibe, el valor total del producto es exclusivamente la suma del costo de la materia prima, de los medios de producción y del trabajo del obrero asalariado; con lo cual, la parte de valor con la que se queda el capitalista, esa a la que Marx llama plusvalía, no puede salir de otro lado más que de la parte que le corresponde al obrero. Veamos cómo lo plantea: *"Analicemos el valor total del producto, o sea, de las 10 libras de hilado. En él se materializan 2 ½ jornadas de trabajo: 2 en el algodón y en la masa de husos consumida y ½ en el proceso de trabajo del hilandero. Este tiempo de trabajo representa una masa de oro de 15 chelines. El precio adecuado al valor de las 10 libras de hilo es, por tanto, de 15 chelines, y el de 1 libra de hilado 1 chelín y 6 peniques.*

Al llegar aquí, nuestro capitalista se queda perplejo. Resulta que el valor del producto es igual al valor del capital desembolsado. *El valor desembolsado por el capitalista no se ha* valorizado, *no ha engendrado* plusvalía; *o, lo que es lo mismo, el* dinero *no se ha convertido en* capital. *El precio de las 10 libras de hilo son 15 chelines, los mismos 15 chelines que el capitalista hubo de invertir en el mercado para adquirir los* elementos integrantes del producto, *o lo que tanto vale, los* factores del proceso de trabajo: *10 chelines en el algodón, 2 chelines en la masa de husos desgastada y 3 chelines en la fuerza de trabajo. De nada sirve que* el valor del hilo *se haya* incrementado, *pues su valor no es más que la suma de valores que antes se* distribuían *entre el algodón, los husos y la fuerza de trabajo, y de la* simple suma de valores existentes, *jamás puede brotar un valor nuevo, la* plusvalía. *Lo que hacen estos valores es concentrarse en* un objeto, *pero esto no significa nada, pues ya lo estaban en la suma de dinero de 15 chelines, antes de desperdigarse en las tres mercancías compradas."* [20]

Resumiendo, en el ejemplo dado por Marx el valor de la mercancía, el valor del hilado, es la suma de la materia prima, el algodón, más el desgaste de medios de producción, los husos, más la fuerza de trabajo.

Así expresado, es claro que, para Marx, el valor de una mercancía está compuesto por la suma de los costos de los medios de producción, edificios, maquinaria, herramientas, materias primas, etc., más la cantidad de fuerza de trabajo del obrero, contenida en la mercancía. De ahí que le haya resultado necesario concebir la plusvalía para explicar lo que obtienen el empresario y el comerciante.

Marx consideró que el comerciante, el que compra la mercancía para luego venderla, no *agrega valor a ésta; y así lo dejó expuesto con total claridad cuando escribió*

---

[20] Op. cit. pp. 213, 214.

que *"El capitalista compra la mercancía a A y la revende a B; en cambio, el poseedor simple de mercancías vende su mercancía a B para luego comprar otra a A. Para los contratantes A y B esta diferencia a que nos referimos no existe. Ellos sólo actúan como comprador y vendedor de mercancías, respectivamente. A su vez, el tercero se enfrenta con ellos, según los casos, como simple poseedor de dinero o como poseedor de mercancías, como comprador o vendedor; unas veces este tercero es respecto a uno de los contratantes un simple comprador y respecto al otro un simple vendedor, para el uno dinero y para el otro mercancía, y para ninguno de los dos capital o capitalista; es decir, representante de algo superior al dinero o a la mercancía y capaz de producir efectos distintos a los del dinero o a los de la mercancía. Para este tercero, el hecho de comprar a A y de vender a B son dos fases lógicas de un mismo proceso. Pero entre estos dos actos sólo existe ilación lógica para él. A no se preocupa en lo más mínimo de su transacción con B, y a éste le tiene sin cuidado su trato con A. Y si el tercero en cuestión pretendiera demostrarles la ventaja que supone para él el* invertir *el orden, ellos le probarían que se equivocaba* en cuanto a este orden *y que la operación total no comenzaba en una compra para terminar en una venta, sino al revés. En efecto; desde el punto de vista de A, el primer trato cerrado por el tercero, la compra, constituye una venta, y el segundo trato, la venta, constituye, desde el punto de vista de B, una compra. No contento con esto, A y B sostendrían que toda esta operación era perfectamente inútil, como un juego malabar. A su modo de ver, bastaría con que A hubiese vendido su mercancía directamente a B, y éste se la hubiese comprado directamente a A. Con esto, toda la operación se desmoronaría, para convertirse en un* acto unilateral, *en uno de tantos actos de la circulación vulgar de mercancías, que desde el punto de vista de A sería una simple venta y desde el punto de vista de B una simple compra. Como vemos, la inversión del orden no nos permite remontarnos sobre la órbita de la* circulación simple de mercancías; *no tenemos, pues, más remedio que detenernos a investigar si, por su naturaleza, esa circulación consiente la valorización de los valores sobre que versa, y por tanto la* formación de plusvalía." [21]

En ese relato imaginario, el comerciante, intermediario entre el productor A y el consumidor B, es presentado como realizando una actividad "perfectamente inútil", como haciendo un "juego malabar" con el que entretiene al público para aprovecharse de su inocencia y sacarle su dinero. Sin embargo, la realidad es muy otra. La actividad del comerciante consiste, básicamente, en trasladar la mercancía desde el lugar en que se produce hasta el lugar en que se consume; y esa actividad sí agrega valor a la mercancía porque

---

[21] Op. cit. pp. 173, 174.

también es trabajo humano que, además, para ser realizado utiliza medios de transporte.

El ejemplo que dio Marx podría imaginarse en el interior de una pequeña comunidad, en la cual todos sus habitantes viven cerca unos de otros y pueden intercambiar sus mercancías directamente, trasladándolas al mercado personalmente. Pero incluso, en este caso, el productor debería agregar al valor conformado en el proceso de producción, el valor adicionado por el costo del traslado desde su taller hasta el mercado, más el costo de permanecer ahí hasta que aparezca el comprador con el cual realizar el intercambio. No es solamente transformando la mercancía como se le agrega valor; el transportarla también lo hace, pues, del mismo modo que la producción; el transporte requiere de fuerza de trabajo y, además, de medios de transporte que a su vez consumen insumos y se desgastan, como el huso del hilandero.

Esa diferencia que obtiene el comerciante, entre el precio al cual compra la mercancía al productor A y el precio al cual la vende al consumidor B, es el valor que agrega a la mercancía con su trabajo, más el costo de los medios que utiliza para realizarlo.

Cuando entre el productor y el consumidor no es necesario el intermediario, el comerciante propiamente dicho, el productor asume los costos de comercialización; costos que deberá agregar a los costos de producción, so pena de quebranto.

A pesar de ello, Marx reconoció que la plusvalía no se origina en el proceso de circulación de las mercancías; esto es, en el comercio. Si bien llamó plusvalía a esa diferencia que obtiene el comerciante, aclaró que *"Si lo que cambian son mercancías entre sí o mercancías y dinero con el mismo valor de cambio, es decir,* equivalentes, *es innegable que nadie puede sacar de la circulación más valor del que metió en ella. No es, pues, aquí donde se forma la plusvalía. En su forma pura, el proceso de circulación de mercancías presupone el intercambio de equivalentes. Sin embargo, en la realidad las cosas no se presentan en toda su pureza. Partamos, pues, del* intercambio de no equivalentes." [22] Y más abajo agregó, *"Por eso los que mantienen consecuentemente la ilusión de que la* plusvalía *brota de un recargo nominal de precios, o sea de un privilegio que permite al* vendedor *vender la mercancía por más de lo que vale, parten de la existencia de una* clase *que* compra sin vender, *o lo que es lo mismo, que* consume sin producir. *(...) El dinero de que se sirva esa clase para sus continuas compras deberá afluir a ella*

---

[22] Op. cit. p, 177.

directamente y de un modo constante desde los poseedores de mercancía, sin cambio, gratuitamente, *en virtud de determinados títulos jurídicos o por obra de la violencia"* [23] Marx dedujo que esa diferencia, ese recargo nominal de precios, es parte de la plusvalía que el empresario industrial extrae del obrero en el proceso de producción y reparte con el comerciante.

Pero queda demostrado que, más allá de lo equitativo o de lo justo que sea el monto, esa diferencia tiene su fundamento en el trabajo del comerciante o en el trabajo que demanda el comercio de mercancías.

Por otra parte, Marx tampoco consideró que el empresario realice actividades que, aunque no impliquen el manipular directamente la materia prima ni el operar las herramientas ni las máquinas, formen parte del valor de la mercancía.

"... durante una etapa del proceso de trabajo, *el obrero se limita a producir el valor de su fuerza de trabajo, es decir, el valor de sus medios de subsistencia. Pero, como se desenvuelve en un régimen basado en la división social del trabajo, no produce sus medios de subsistencia directamente, sino en forma de una mercancía especial, hilo por ejemplo, es decir, en forma de* un valor igual al valor de sus medios de subsistencia *o al dinero con que los compra. La* parte de la jornada de trabajo *dedicada a esto será mayor o menor según el valor normal de los medios diarios de subsistencia, o, lo que es lo mismo, según el tiempo de trabajo que necesite un día con otro para su producción. Si el valor de los medios diarios de subsistencia viene a representar una media de 6 horas de trabajo materializadas, el obrero deberá trabajar un promedio de 6 horas diarias para producir ese valor. Si no trabajase para el capitalista sino para sí, como productor independiente, tendría forzosamente que trabajar, suponiendo que las demás condiciones no variasen,* la misma parte alícuota de la jornada, *por término medio, para producir* el valor de su fuerza de trabajo, *y obteniendo con él los medios de subsistencia necesarios para su propia conservación y reproducción. Pero, como durante la parte de la jornada en que produce el valor diario de su fuerza de trabajo, digamos 3 chelines, no hace más que producir un* equivalente *del valor ya abonado a cambio de ella por el capitalista; como por tanto, al crear este nuevo valor, no hace más que* reponer el valor del capital variable *desembolsado, esta producción de valor presenta el carácter de una* reproducción. *La parte de la jornada de trabajo en que se opera esta reproducción es la que yo llamo* tiempo de trabajo necesario, *dando el nombre de* trabajo necesario *al desplegado durante ella. Necesario para el obrero, puesto que es*

---

[23] Op. cit. p.179.

independiente de la forma social de su trabajo. Y necesario para el capital y su mundo, que no podría existir sin la existencia constante del obrero.

La segunda etapa del proceso de trabajo, en que el obrero rebasa las fronteras del trabajo necesario, le cuesta, evidentemente, trabajo, supone fuerza de trabajo desplegada, pero no crea valor *alguno para él. Crea la* plusvalía, *que sonríe al capitalista con todo el encanto de algo que brotase de la nada. Esta parte de la jornada de trabajo es la que yo llamo* tiempo de trabajo excedente, *dando el nombre de* trabajo excedente (surplus labour) *al trabajo desplegado en ella. Y del mismo modo que para tener conciencia de lo que es el* valor en *general hay que concebirlo como una simple* materialización de tiempo de trabajo, *como trabajo materializado pura y simplemente, para tener conciencia de lo que es la* plusvalía, *se la ha de concebir como una simple* materialización de tiempo de trabajo excedente, *como trabajo excedente materializado pura y simplemente. Lo único que distingue unos de otros los tipos económicos de sociedad, v. gr. la sociedad de la esclavitud de la del trabajo asalariado, es la* forma en que este trabajo excedente le es arrancado al productor inmediato, al obrero."* [24]

Queda así ratificado, en palabras del propio Marx, lo que afirmó antes de esta cita: para él, la actividad del empresario no forma parte del valor de la mercancía.

Pero siendo flagrantemente contradictorio, Marx también aseveró que *"En un principio, el mando del capital sobre el trabajo aparecía también como una consecuencia puramente* formal *del hecho de que el obrero, en vez de trabajar* para sí, *trabajase para el capitalista y, por tanto, bajo su dirección. Con la cooperación de muchos obreros asalariados, el mando del capital se convierte en requisito indispensable del propio proceso de trabajo, en una verdadera condición material de la producción. Hoy, las órdenes del capitalista en la fábrica son algo tan indispensable como las órdenes del general en el campo de batalla.*

Todo trabajo directamente social o colectivo en gran escala, requiere en mayor o menor medida una dirección que establezca un enlace armónico entre las diversas actividades individuales y ejecute las funciones generales *que brotan de los movimientos del organismo productivo total, a diferencia de los que realizan los órganos individuales. Un violinista solo se dirige él mismo, pero una orquesta necesita un director. Esta función de dirección, de vigilancia y enlace, se convierte en* función del capital *tan pronto como el trabajo sometido a él reviste carácter cooperativo. Como función específica del capital, la función directiva asume también importancia específica."* [25] Y, sin embargo, él desvalorizó

---

[24] Op. cit. 239, 240.

[25] Op. cit. pp. 367, 368.

completamente esa función.

La plusvalía, dijo Marx "... *sonríe al capitalista con todo el encanto de algo que brotase de la nada.*" Y agregó luego que "... *este trabajo excedente le es arrancado al productor inmediato, al obrero.*", lo cual está en abierta contradicción con la cita del párrafo precedente. Si no hay un director de orquesta, la melodía no se puede ejecutar; el dinero que cobra un director de orquesta (y cobra más que cualquiera de sus músicos) lo cobra por su trabajo. La pieza musical interpretada por una orquesta es el resultado del *trabajo de cada uno de sus músicos más el del director.* [26]

El burgués, en primer lugar, fue o un artesano productor o un pequeño comerciante. En ambos casos, debió trabajar, como quedó demostrado más arriba, para acumular el capital suficiente como para fabricar o adquirir medios de producción y establecer con ellos una relación salarial con otra persona. Inmerso en la decadencia de la sociedad feudal, encontró los intersticios a través de los cuales incursionar para lograr beneficios que le fueron enriqueciendo hasta disputar el poder político. "*Históricamente, el capital empieza enfrentándose en todas partes con la propiedad inmueble...*" [27] Así fue posible la superación de los males del final del feudalismo. Poder político que el burgués conquistó apoyado por los obreros y los campesinos, a quienes debió conceder algunas reivindicaciones para poder ejercerlo. El abuso posterior de los empresarios sobre los obreros, fue consecuencia de la propia dinámica económica del capitalismo. Pero este abuso, aunque repudiable, no es razón para desconocer y no considerar en el valor de la mercancía el trabajo del empresario capitalista.

El valor de una mercancía está compuesto por todas las acciones humanas que la hacen realidad, en un lugar y en un momento determinados. Ese conjunto de acciones es llevado a cabo por varias personas (aunque, muy excepcionalmente, puede ser realizado por una sola). Cuando una mercancía es un bien material, su origen visible es la acción humana ejercida sobre un objeto natural. Sin embargo, antes de esa acción visible hay, necesariamente, otra acción que, por producirla el individuo con su pensamiento, es invisible, pero tan real e imprescindible como la visible para que la mercancía llegue a existir. Y si a la acción física, visible, la

---

[26] Para nosotros, es incomprensible que Marx no haya advertido eso (N de A).

[27] Op. cit. p. 163.

llamamos *trabajo*, a la acción mental, aunque no sea percibida por nuestros sentidos, debemos darle el mismo nombre; ambas son actividades fisiológicas: una, con predominio muscular, la otra, con predominio cerebral. Por nuestra necesidad de definir porciones de realidad a las primeras las llamamos *trabajo manual* y a las segundas, *trabajo intelectual*. En esta última categoría se inscribe, predominantemente, el trabajo del capitalista, que debe ser incluido en el valor de la mercancía.

Al incluir el trabajo del capitalista en el valor de la mercancía, cambia completamente la concepción de la relación de producción. Ya no es uno que trabaja y otro que no, uno que produce y otro que no. No son polos opuestos de una relación sino copartícipes en el proceso productivo. No hay plusvalía que uno produzca y otro se la quede. Hay, sí, una **distribución proporcional no equitativa del valor obtenido por la mercancía**, del valor realizado por el producto efectivamente vendido. De esto nos ocuparemos más adelante.

Marx sólo valoró los productos materiales del trabajo [28]. La mercancía es, para él, un objeto material al que se le ha agregado trabajo; y solamente, trabajo manual. No consideró que llamamos "trabajo" a un tipo de actividad esforzado que no siempre se ejerce para transformar algo material, un objeto en otro objeto. Las actividades que denominamos "servicios", como el transporte, la telefonía, etc., también se constituyen en valores. [29]

Definitivamente, entonces, Marx erró con la concepción de "valor"; concepción clave no solamente en el ideario marxista sino también en el liberal y en cualquier concepción de la economía.

También queda claro que ese error fue consecuencia del empleo de la lógica dialéctica, aplicada esquemáticamente.

---

[28] "La utilidad de un objeto lo convierte en *valor de uso*. Pero esta utilidad de los objetos no flota en el aire. Es algo que está condicionado por las cualidades materiales de la mercancía y que no puede existir sin ellas. Lo que constituye un *valor de uso* o un bien es, por tanto, la *materialidad de la mercancía* misma, el hierro, el trigo, el diamante, etc." Op. cit. p. 40.

***

"Los valores de uso, chaqueta, lienzo, etc., o lo que es lo mismo, las mercancías consideradas como objetos corpóreos, son *combinaciones de dos elementos*: la materia, que suministra la naturaleza, y el trabajo. Si descontamos el conjunto de trabajos útiles contenidos en la chaqueta, en el lienzo, etc., quedará siempre un substrato material que es el que la naturaleza ofrece al hombre sin intervención de la mano de éste." Op.cit.p.47, 48.

[29] Los objetos materiales que intervienen en la prestación de un servicio, como un camión o un satélite de comunicaciones, son medios de producción del servicio, no mercancías. (N de A).

El problema en la teoría del valor

Marx consideró, como otros pensadores que le precedieron, la concepción del trabajo como creador del valor de las mercancías y las unidades de medida del tiempo para medir las cantidades de trabajo contenidas en esas mercancías. Así lo dejó claramente expresado al escribir que *"Por tanto, un valor de uso, un bien, sólo encierra* un valor *por ser* encarnación o materialización del trabajo *humano abstracto. ¿Cómo se mide, según la* magnitud *de este valor? Por la* cantidad *de "sustancia creadora de valor", es decir, de trabajo, que encierra. Y, a su vez, la cantidad de trabajo que encierra se mide por el* tiempo de su duración, *y el tiempo de trabajo, tiene, finalmente, su unidad de medida en las* distintas fracciones de tiempo: *horas, días, etc."* [30]

Sobre el primer aspecto de esa concepción no hay lugar a dudas: un bien es el resultado del trabajo y, por lo tanto, su valor está creado por el trabajo que lo produjo. Pero pasar de ahí a considerar que el trabajo es pasible de ser medido por medio de las unidades de medida del tiempo, es un salto que no tiene fundamento. No hay continuidad lógica entre lo primero y lo segundo. El que Marx lo haya dado por sentado es posible que obedezca al hecho de que la relación productiva de la Modernidad, establecida desde hacía ya algunos siglos, estaba basada en la costumbre del salario, es decir, del pago del trabajo en función del tiempo; lo cual no implica, de ninguna manera, que el trabajo pueda ser medido utilizando las unidades de medida del tiempo. Aún más, el trabajo no puede ser medido. Aunque puede ser cuantificado, pero esto es otra cosa.

¿Cómo medir, por ejemplo, con unidades de medida de tiempo, el trabajo que realiza un arquitecto pensando en el diseño de una construcción mientras va camino de una reunión con amigos?... ¿O el de un publicista que estudia el modo en que hará la presentación de un producto mientras almuerza en su casa? Marx sólo tuvo en cuenta el trabajo manual del obrero fabril, contratado mediante el pago de un salario. Pero, además, al esforzarse en *abstraer,* tal como él mismo lo anticipó al afirmar que *"... para el análisis de las formas económicas no sirven el microscopio ni los reactivos químicos. El único medio de que disponemos, en este*

---

[30] Op. cit. p. 43.

terreno, es la capacidad de abstracción." [31], no cayó en la cuenta de que estaba tratando de imitar el método de las ciencias exitosas en ese momento, la Física, la Química y las Matemáticas, pues él estaba preocupado por encontrar las leyes que estaban detrás de los fenómenos económicos, esto es, de hacer de la Economía Política una ciencia como aquellas, y descuidó la consideración del trabajo concreto dando entidad al trabajo social medio, algo que no existe más que como concepto; no buscó la manera de valorar el trabajo real.

---

[31] Op. cit. p. 6.

El obrero
como un medio de producción

"El *medio de trabajo* es aquel objeto o conjunto de objetos que el obrero interpone entre él y el objeto que trabaja y que le sirve para *encauzar* su actividad transformadora sobre este objeto. El hombre se sirve de las cualidades mecánicas, físicas y químicas de las cosas para utilizarlas, *con arreglo al fin perseguido*, como instrumentos de actuación sobre otras cosas." [32]

Aunque no lo dijo expresamente, Marx concibió al obrero con la categoría de "medio de producción". Ése fue otro de los supuestos de los que derivó su concepción de la plusvalía. Esto quedó aclarado cuando, en diferentes párrafos de su obra afirmó que "El trabajo del sastre y el del tejedor, aun representando actividades productivas cualitativamente distintas, tienen en común el ser un desgaste productivo del cerebro *humano*, de músculo, de nervios, de brazo, etc.; ..." [33] y más adelante, "... por mucho que difieran los trabajo útiles o actividades productivas, es una verdad *fisiológica* incontrovertible que todas estas actividades son funciones del organismo *humano* y que cada una de ellas cualesquiera que sean su contenido y su forma, representa un *desgaste* esencial del cerebro humano, de nervios, músculos, sentidos, etc." [34] Y luego "... si esta prolongación antinatural de la jornada de trabajo a que forzosamente aspira el capital en su afán desmedido de incrementarse, acorta la duración de la vida individual de cada obrero y, por consiguiente, la de su fuerza de trabajo, se hará necesario reponer más prontamente las fuerzas desgastadas, lo que, a su vez, supondrá una partida mayor de coste de desgaste en la reproducción de la fuerza de trabajo, del mismo modo que la parte de valor que ha de reproducirse diariamente en una máquina es mayor cuanto más rápido sea su desgaste." [35]

Al considerar que el obrero se "desgasta" durante la jornada laboral del mismo modo en que se desgasta el huso del hilandero, a Marx le resultó una

---

[32] Op. cit. p 201.

[33] Op. cit. p. 49.

[34] Op. cit. pp. 79, 80.

[35] Op. cit. pp. 293, 294.

lógica consecuencia plantear que ese desgaste debería ser repuesto para continuar produciendo y, a partir de ésto, que durante una parte de la jornada laboral el obrero produciría el valor de reposición de su propia fuerza de trabajo, que es lo que el capitalista pagaría con el salario; luego, el resto de la jornada de trabajo sería el valor excedente, del cual se apropiaría el capitalista gratuitamente; excedente que Marx llamó plusvalía.

Pero sabemos que, sin lugar a dudas, el trabajo no desgasta a nadie sino que, muy por el contrario, es el sedentarismo el que lesiona la salud. Por supuesto que, si, como Marx lo describió, el obrero pasaba doce o dieciséis horas trabajando y bajo la vigilancia despótica del patrón o de sus delegados, y además percibía salarios de hambre, su salud se vería afectada y su expectativa de vida sería poca. Sin embargo, ni los músculos ni los nervios se desgastan por ninguna actividad. Sí podemos perjudicarnos causándonos lesiones musculares o nerviosas por actividades excesivas, trabajando o haciendo algún deporte; pero la actividad normal es saludable. El envejecimiento es natural en todos los seres vivos y en nosotros también, necesariamente, trabajemos o no. El que luego de llegar a cierta edad podamos continuar o no trabajando, no es porque nos hayamos desgastado sino que es el resultado natural del proceso vital de todo ser vivo. Pero por eso hemos instituido el ahorro durante los años en que nos consideramos activos, para sostenernos los años que nos restan de vida.

Pero más allá de estas consideraciones fisiológicas que de por sí contradicen la concepción marxista del organismo humano, el haber equiparado al obrero con las herramientas y las máquinas fue un elemento conceptual importante para que el concepto de plusvalía tuviera lugar, como más arriba explicamos.

Inglaterra:
prueba del fracaso del marxismo

Marx dejó constancia en su obra fundamental, de que sus estudios sobre la actividad de la economía política moderna fueron realizados en Inglaterra, "En la presente obra nos proponemos investigar el *régimen capitalista de producción* y *las relaciones de producción y circulación* que a él corresponden. El hogar clásico de este régimen es, hasta ahora, *Inglaterra*. Por eso tomamos a este país como ejemplo principal de nuestras investigaciones teóricas." [36] Esa nación fue el laboratorio en el que se daban los fenómenos y las mejores condiciones para comprender la dinámica de la economía de la Modernidad. Por supuesto, y dejó suficiente constancia de que tuvo en cuenta lo que sucedía en los demás países europeos y también en América, pero fue Inglaterra donde encontró el mayor desarrollo industrial, de las organizaciones obreras y de las instituciones políticas, que le proporcionaron los datos con los cuales elaborar todo el ideario desde el cual llegó a la conclusión de que sería en ese país el primero en el que se produciría la revolución proletaria; el primero en el que el proletariado cumpliría con su "misión histórica". Así lo consigno cuando escribió que "Los países industrialmente más desarrollados no hacen más que poner delante de los países menos progresivos el espejo de su propio porvenir" [37] y luego, "Del mismo modo que en el siglo XVIII la guerra de independencia de los Estados Unidos fue la gran campanada que hizo erguirse a la clase media de Europa, la guerra norteamericana de Secesión es, en el siglo XIX, el toque de rebato que pone en pie a la clase obrera europea. En Inglaterra, este proceso revolucionario se toca con las manos." [38] La historia nos muestra contundentemente que ocurrió lo contrario: no solamente continúa siendo hoy, Inglaterra, uno de los países en los que el capitalismo está mejor consolidado sino que las experiencias revolucionarias fundadas en el marxismo han sido producidas en países en los que el desarrollo de la industria y del proletariado eran incipientes y, para mayor demostración del error de las ideas que las guiaron, han fracasado rotundamente.

---

[36] Op. cit. p. 6.

[37] Op. cit. p. 6.

[38] Op. cit. p. 7.

Concluyendo

La concepción de la historia, determinista y dogmática, con la consecuente supresión de la libertad, y la concepción de la conformación del valor y a partir de ella, de toda la economía política, con la derivación en la lucha de clases antagónicas e irreconciliables, son las causas del fracaso del marxismo, cuyas pruebas contundentes son el fallido pronóstico revolucionario hecho para Inglaterra, la disolución de la Unión de Repúblicas Socialistas Soviéticas y la progresiva transformación del comunismo en capitalismo, en China.

El agotamiento del capitalismo liberal

El capitalismo liberal, con su modo de producción y distribución del producto, modo con el que hemos terminado de resolver la creación de bienes como para satisfacer nuestras necesidades fundamentales, ha agotado su eficacia.

Veamos cómo vislumbra algunos aspectos de eso el diario El País semanal:

*"**2019 EL AÑO DE LAS PROTESTAS**
Cuando enferman las democracias*

Las democracias se han estremecido este año atrapadas en una pinza entre la "rebelión de las élites", que ignoran el bien común, y la sublevación del "precariado", víctima de un malestar difuso y harto de que le tomen el pelo. Como resultado, el contrato social ha saltado por los aires. Una polarización cada vez más extrema donde el mensaje es agresivo y va a las vísceras.

Este año ha sido el tiempo en el que ha crecido ese oxímoron compuesto por el sustantivo "democracia" y el calificativo "iliberal", que podría ser una de las palabras del año. Las democracias no se derrumban como en el pasado a fuerza de golpes de Estado violentos o revoluciones, sino que derivan a paso lento —o menos lento— hacia formas autoritarias o de falta de calidad (no dar respuesta a los problemas de la ciudadanía). Las democracias enferman ya no a manos de espadones militares, sino de líderes electos, de presidentes o primeros ministros que subvierten el proceso mismo que los condujo al poder. Como advierten los profesores de Harvard Steven Levitsky y Daniel Ziblatt (Cómo mueren las democracias, Ariel), en el primer cuarto del siglo XXI las democracias ya no terminan con un "bang" (tiros), sino con un leve quejido: el progresivo debilitamiento de las instituciones esenciales (por ejemplo, la justicia, los Parlamentos o los medios de comunicación) y la erosión de las normas políticas tradicionales.

El año ha sido testigo de dos vectores moviéndose en dirección opuesta. De su dialéctica surgirá el vector dominante que determinará si la marcha de las sociedades camina hacia el progreso o hacia el pasado. El primero no es novedoso, sino que se ha desarrollado al menos durante las últimas dos décadas, pero se ha acentuado en los últimos tiempos; es la rebelión de las élites. El segundo, aunque tiene diversos precedentes en el último medio siglo (Mayo del 68, primaveras árabes, explosión de los indignados…), se manifiesta en las continuas protestas en muchas partes del mundo al mismo tiempo, protagonizadas sobre todo por **el precariado**, *ese conglomerado amplio de ciudadanos y grupos de distintas capas superpuestas, de diferentes edades y géneros, que no tienen conciencia de clase social pero que expresan su resentimiento porque la política, y sus representantes públicos, los ha abandonado y tienen la sensación de que se mofan de ellos. La principal excepción son las movilizaciones de Hong Kong, que buscan ante todo las libertades políticas.*

El escritor francés Christophe Guilluy (No society. El fin de la clase media occidental, Taurus) ha recuperado el concepto de "rebelión de las élites" que el norteamericano Christopher Lasch puso de moda a finales de los años setenta, cuando se iniciaba la revolución conservadora de Thatcher y Reagan. Para Guilluy, hay una secesión creciente de la gente de arriba, que abandonando el bien común sumerge a los países occidentales en el caos, **mientras las clases medias y bajas caen** *en la escalera social. Como resultado se descompone la sociedad a través de factores como la crisis de representación política, la atomización de los movimientos sociales, la gentrificación o el vaciamiento de las ciudades mientras las burguesías se encierran en sus fortalezas.*

En sintonía con las élites, los políticos dominantes siguen insistiendo en el mito de una clase media integrada y en fase de ascensión social, que no existe desde al menos una década. Frente a la orteguiana "rebelión de las masas", Christopher Lasch (La rebelión de las élites y la traición a la democracia, Paidós) desarrolló las circunstancias en que grupos privilegiados de actores económicos y políticos, representantes de los sectores más aventajados de las sociedades, dan por concluido de modo unilateral el contrato social que los une como ciudadanos. Al aislarse en sus redes y enclaves de bienestar —en su mundo, sus urbanizaciones, su sanidad, educación y seguridad privada, etcétera—, esas élites abandonan al resto de las clases sociales a su albur, fragmentan el interior de las naciones y traicionan la idea de una democracia concebida por todos los ciudadanos.

La "rebelión de las élites" erosiona el capital social como argamasa que mantiene unida a una sociedad. Existe un acuerdo no escrito entre la ciudadanía, sus élites y su Estado, denominado contrato social. Este contrato exige la provisión de protecciones sociales y económicas básicas, incluyendo oportunidades razonables de empleo y un cierto grado de seguridad por el hecho de ser ciudadano. Una parte de ese contrato contemplaba una cierta equidad: que los pobres compartiesen las ganancias de la sociedad cuando la economía crece, y que los ricos contribuyesen a paliar las penurias sociales en momentos de crisis. Esto es lo que se ha roto durante la Gran Recesión. Según Lasch, la quiebra del pacto social conlleva democracias individualistas, basadas no tanto en elementos solidarios (la "common decency", de George Orwell, que alude a la permanencia de valores de ayuda mutua y de solidaridad en los sectores populares) como en el respaldo a los derechos personales, en un egocentrismo que define como "**modelo narcisista de democracia**", una tendencia que acentúa nuevas formas de desigualdad política, social y cultural, provocando una reducción de la calidad de la democracia.

El movimiento opuesto lo representa la multitud de protestas y movilizaciones en lugares muy lejanos entre sí, y que han convergido en buena parte en este año 2019. Se ha tratado de formas de protesta diferentes y distintos tipos de acciones colectivas, todas ellas caracterizadas por la falta de mediación política y sindical, y la mayor parte espontáneas y sin líderes identificados y sin definir el adversario concreto contra el que se levantan. En general, los manifestantes son los perdedores de la globalización, que se manifiestan interrogándose acerca de qué fue de aquello de que la flexibilidad laboral, la liberalización comercial, las amnistías fiscales, la mundialización de las finanzas o el mercado único europeo harían avanzar a la economía y mejorar el nivel de vida de todos. Pero no ha sido así y se sienten engañados.

Cuando escuchan a la nueva directora gerente del Fondo Monetario Internacional (uno de sus grandes enemigos), la búlgara Kristalina Georgieva, decir que la escalada proteccionista que han protagonizado sobre todo las superpotencias como EE UU y China **amenaza a "toda una generación"**, no se sienten concernidos ni lo apoyan. No escuchan. Son ciudadanos descontentos y distanciados, convencidos de que la utilización de los canales institucionales de presión no surten efecto porque hay políticos incapaces de entender el entorno o no dispuestos a empujar los límites de lo posible para acoger las demandas crecientes y nuevas mediante un cambio de timón. Cada vez hay más gente fuera del pacto social.

Como ha escrito Daniel Innerarity, los protestatarios expresan un malestar difuso (más allá de la reducción del precio del carburante o la subida del billete del metro) que carga contra el sistema político, pero no se concreta en programas de acción con la intención de producir un resultado concreto. Hay en ellos más frustración que aspiraciones; son agitaciones poco transformadoras de la realidad social. No tienen conciencia de pertenecer al proletariado como sujeto social.

¿Qué sucederá tras este espontaneísmo de las masas una vez que el cansancio de las movilizaciones permanentes agote a sus protagonistas?, ¿qué quedará de las protestas? Ello recuerda el viejo debate de **Mayo del 68** sobre si se necesitan o no vanguardias políticas o sindicales organizadas que dirijan la lucha. Cuando hace balance de las luchas de París hace ahora medio siglo, un estudiante se confiesa, melancólico y decepcionado, a Kristin Ross

(Mayo del 68 y sus vidas posteriores, Antonio Machado Libros): "Después llegó junio. La derecha se rehízo, la izquierda no tenía nada que proponer en el sentido de una ideología, ni siquiera reformista. De todo aquello saqué una conclusión: nunca más, nunca más tomar el poder desde la base, nunca tomar la palabra sin tomar el poder. Se adueñaron de mí la amargura y el resentimiento contra la fragilidad de todo lo que habíamos hecho (…). El fin de esta experiencia es muy doloroso. Por esa razón todos los discursos que se dirigen a una toma parcial del poder, que proponen ideas de revoluciones moleculares, me producen un enorme escepticismo".

Tensiones como las descritas las ha habido en todos los momentos de la historia. La principal diferencia está en el superior grado de polarización existente en el interior de las sociedades: políticos que tratan a los adversarios como enemigos e intimidan a la prensa y a los jueces. La polarización es creciente y lamentable y tiene su origen en la infiltración de la política en el conjunto de la vida social. El debate político vive una permanente excitación y urgencia, y los mensajes más agresivos se han adueñado de la conversación pública.

Para resumir lo que está sucediendo en el seno de algunas democracias, Levitsky y Ziblatt se apoderan de una fábula de Esopo: un caballo quiere vengarse de un venado que lo ha ofendido y comienza a perseguirlo; pronto se da cuenta de que por sí solo nunca podrá alcanzarlo y pide ayuda a un cazador. Este accede a cambio de colocar riendas y silla al caballo para poder cabalgar estable mientras persiguen al venado. Pronto lo logran. Entonces, el caballo le dice al cazador que le quite los arreos del hocico y el lomo. "No tan rápido, amigo", respondió el cazador. "Ahora te tengo tomado por las bridas y las espuelas y prefiero quedarme contigo como regalo". [39]

Lo que en el segundo párrafo del artículo citado ha sido escrito entre paréntesis, como si ese fuera un concepto de importancia menor es, en realidad, la clave para comprender que el final de un modo de vida ha llegado, que no da para más, que la disconformidad y los disconformes se van extendiendo y diversificando, y van profundizando las acciones de búsqueda de otra alternativa superadora con la que se puedan construir "respuestas a los problemas de la ciudadanía".

Desde que en la prehistoria los primeros grupos humanos logramos una producción que superó al consumo, el modo de distribución del excedente ha sido el modelo con el que hemos organizado todo el sistema de relaciones

---

[39] Artículo extraído del diario El País Semanal, del 28/12/2019

sociales. En la Antigüedad, el vencido en la guerra sobrevivía trabajando como esclavo, recibía sólo lo necesario para alimentarse y continuar trabajando, y el excedente era para el amo; en la Edad Media, el siervo entregaba una parte del producto de su trabajo al señor feudal a cambio de un pedazo de tierra para cultivar; al principio, era el diezmo pero las necesidades del feudal fueron en aumento y esa parte del excedente que el siervo entregaba a su señor también fue incrementándose hasta el máximo posible; en la Modernidad, el trabajador produce a cambio de un salario por tiempo trabajado, salario que representa una parte del valor del producto, parte que, con el tiempo, va disminuyendo y hoy no alcanza para satisfacer las necesidades.

Cada uno de esos modos de distribución del excedente de la producción, en sus inicios y hasta su apogeo, ha implicado un mayor grado de humanización respecto del anterior; pero en todos, a su mayor esplendor ha sucedido su decadencia. Una vez logrados sus mejores frutos ha agotado su potencialidad, sus posibilidades de satisfacer las necesidades de la mayoría de la población y la corrupción de los vínculos en que se asentaba ha generado las dramáticas situaciones que, al cabo de más o menos tiempo, impulsaron su reforma o su sustitución.

Veamos cómo describe la situación el senador nacional Humberto Schiavoni:

"Los impostergables desafíos del capitalismo.

El capitalismo, en su forma actual, no encuentra respuestas para problemas que condicionan su futuro y que son fuente de inestabilidad política y social a lo largo del planeta. *Son asuntos clave en el mundo de hoy que se repiten con diferentes matices en sociedades subdesarrolladas pero también en economías más avanzadas: la creciente desigualdad, la pobreza, los dramas migratorios producto del atraso económico y social y la insatisfacción de aquellos que ven cómo se reproducen intergeneracionalmente condiciones extremas de vulnerabilidad y ausencia de oportunidades para prosperar.*

En una reciente entrevista en La Nación el fundador de la marca Patagonia, Yvon Chouinard, hizo hincapié en la necesidad de reinventar el capitalismo. ***Advirtió que la*** *inmensa cantidad de pobres afecta la capacidad de compra del sistema y sentenció que si no hay quien pueda adquirir bienes y servicios el capitalismo perderá su clientela.*

En efecto, casi dos tercios de la humanidad vive en distintos grados de pobreza, con limitada capacidad de consumir. Por otro lado, en esta fase del desarrollo capitalista, caracterizado por la globalización, los avances tecnológicos y la digitalización masiva permitieron aumentar exponencialmente la productividad.

Cada vez se producen más bienes con más eficiencia. **El horizonte de la ciencia y la tecnología tiende a dar respuestas novedosas y veloces a las renovadas necesidades humanas.** *Pero esta abundancia en la oferta tiene como contracara restricciones y distorsiones en la capacidad de consumo hacia el interior de las sociedades. Las sucesivas crisis que enfrentan los países subdesarrollados, a la vez, alimentan el círculo vicioso de la pobreza y el desamparo.*

El mundo ha ingresado en una fase de estancamiento. Las economías de nuestra región muestran números negativos en materia de crecimiento, algo que también ocurre en muchos países europeos. Y las tensiones comerciales entre los principales actores del sistema contribuyen a profundizar los desequilibrios. Los términos de intercambio para las naciones que exportan con escaso valor agregado retomaron su tendencia secular al deterioro.

Al mismo tiempo, **las enormes ganancias generadas por la mayor productividad incentivan procesos de valorización financiera, al no encontrar alternativas en la economía real, afectada cada vez más por expulsiones del sistema de amplias capas poblacionales.**

Estos excedentes financieros se desplazan por todo el mundo en busca de maximizar sus rendimientos, produciendo fuertes turbulencias cuando entran y salen de los mercados domésticos, especialmente de aquellos con bajas defensas regulatorias.

Este contexto genera **inestabilidad, fuertes reclamos y conflictos permanentes.** *La situación de miles de personas, que enfrentando inéditas adversidades abandonan sus países en búsqueda de mejores condiciones de vida, así como el surgimiento de focos de violencia que desafían a los Estados constituyen caras de una misma moneda acuñada en los graves problemas sociales y económicos que provoca la desigualdad y ausencia de horizontes.*

Queda claro, entonces, y coincidiendo con el mencionado Chouinard, que **la superación de la pobreza y la inclusión social no son sólo imperativos morales, sino que suponen un requisito indispensable para la supervivencia del sistema.**

¿Pero cómo generar demanda solvente en el contexto actual, con conflictos que se espiralizan si se los pretende atender sólo con respuestas convencionales? La clave está en pensar el desarrollo de aquellas economías con retraso estructural, movilizando simultáneamente recursos para estimular a la vez el consumo, las exportaciones y la inversión, con un papel del Estado que resulte central en la orientación del proceso. No serán las fuerzas del mercado las que limitarán el impulso a la financiarización.

Para la Argentina, una amplia ofensiva exportadora que nos permita superar progresivamente la restricción externa, incentivos para la inversión en sectores clave como infraestructura y energía, dinamización de las economías regionales, diversificación de la matriz productiva y fuerte énfasis en la innovación tecnológica son desafíos por abordar con amplios grados de consenso político y social.

***Pensar el desarrollo y la integración más allá del corto plazo, como décadas atrás lo hicieron Arturo Frondizi y Rogelio Frigerio, es el primer paso para imaginar un salto cualitativo** en nuestra condición estructural, que genere más empleo, equidad, inclusión y mejoras sostenidas en las condiciones de vida de la sociedad.*"[40]

Ese artículo periodístico, que se corresponde con el diagnóstico esbozado más arriba es, al mismo tiempo, un ejemplo más de la contradicción en que se debaten los liberales, puesto que por un lado advierte el autor, acordando en el segundo párrafo del artículo con Yvon Chouinard, la necesidad de reinventar el capitalismo; pero por otro lado, insiste en resolver el problema haciendo lo que siempre se ha hecho, como lo expresa en los dos últimos párrafos del artículo.

Que economistas, empresarios y periodistas estén viendo el problema del **agotamiento del sistema económico capitalista liberal**, es alentador; porque es tomar conciencia de ello el primer paso para iniciar el proceso de superación. El segundo paso es dimensionar el problema en toda su extensión y profundidad; esto es, a cuántos y a quiénes alcanza, de qué maneras afecta, y cuál es su origen y desarrollo.

El agotamiento del sistema económico, esto es, su incapacidad para que encontremos o produzcamos respuestas a las necesidades humanas fundamentales, se evidencia en muchos aspectos que ponen de manifiesto que

---

[40] Humberto Schiavoni, Senador Nacional de la Rep. Argentina, diario on line Infobae, 11/01/2020.

está afectando a todos nosotros sin exclusión, aunque a unos de unas maneras y a otros de otras. Pero, fundamentalmente, nadie queda a salvo de algunos de los perjuicios causados por el descalabro de un modo de hacer la vida en comunidad. La profusión de las adicciones sin discriminaciones de ningún tipo, es un síntoma propio de la necesidad de evadir la sensación de vacío, de angustia, de dolor por una vida sin sentido, sin proyección, sin integración; sensaciones que atraviesan a todos los sectores sociales. Con el individualismo, con la exaltación de lo individual, hemos producido un aislamiento del individuo tal que, situándonos cada uno en contra del ser grupal, social, inherente al humano, nos excluye del grupo y nos enfrenta a él, obligándonos a un conflicto con los otros y, en consecuencia, con nosotros mismos, que agrega angustia a esa desaparición del futuro que mencionáramos.

Desde principios del siglo XX, pensadores de distintos orígenes y diferentes ámbitos vienen advirtiendo esta situación. Veamos algunos:

"Las sociedades líquidas"

"Mientras las leyes no se modifiquen para posibilitar los cambios necesarios; que las ideas lúcidas estén en manos de algunos y las decisiones en manos de otros, tendremos problemas. [41]

Asombrados, y hasta desconcertados, estamos en presencia de algo que se parece más a una obra teatral dramática que a la realidad. Me refiero al presente, a los acontecimientos que se desarrollan en buena parte del mundo.

Europa está más dividida que antes y se enfrenta a varios desafíos, tales como la quiebra económica de algunos países, una moneda inestable, el crecimiento imparable de la xenofobia y la ultraderecha y la toma de Europa por parte de islámicos extremistas, quienes dijeron que la iban a conquistar con los vientres de sus mujeres para obtener mayorías y aplicar su ortodoxia. El dejarse estar de los gobiernos europeos lo está haciendo posible.

En EEUU llegó a la presidencia Donald Trump, un individuo impredecible, inexperto en política, xenófobo, misógino, antidemocrático, triunfando a pesar de haber obtenido menos votos que su principal contrincante. Esto muestra una grave falla en esa sociedad. Y esto sucedió en el que se considera uno de los países más democráticos del mundo.

Y mientras las leyes no se modifiquen para posibilitar los cambios que se necesitan; que las ideas lúcidas estén en manos de algunos y las decisiones en manos de otros, tendremos

---

[41] Al respecto, un proyecto de ley agregado en el Anexo de este escrito, apunta a ese postulado. (N de A).

problemas. ¿Quiénes son esos otros? Personas corruptas que forman grupos de poder, estableciendo verdaderas castas privilegiadas para su propio beneficio.

Estas situaciones nos hacen creer que muchos de los llamados gobiernos democráticos actuales se han agotado, distorsionado, ya no cumplen con sus fines. Como reacción, hay casos en que los ciudadanos terminan votando más por indignación que por convicción.

Umberto Eco lo plantea duramente diciendo que los partidos políticos "son ahora taxis a los que se suben un cabecilla o un capo mafioso que controlan votos, seleccionados con descaro según las oportunidades que ofrecen, y esto hace que la actitud hacia los tránsfugas sea incluso de comprensión y no ya de escándalo". ("De la estupidez a la locura", Lumen, 2016).

¿Qué ha sucedido? Una explicación posible la encontramos en el concepto de "La sociedad líquida" del filósofo Zygmunt Bauman. ¿En qué consiste esta visión del mundo? En el siglo XXI nos encontramos con una serie de señales nada alentadoras. Algunas son: las crisis de los Estados, muchos dominados por entidades supranacionales; las crisis de las ideologías y de los partidos; desprestigio de la Justicia; individualismo desenfrenado que convierte en precarias nuestras relaciones personales; consumismo enfermizo; en definitiva, sociedades sin puntos de referencia, todo lo cual se disuelve en una especie de liquidez, al igual que líquidos informes que se transforman continuamente, al contrario de los sólidos que conservan su forma y persisten en el tiempo.

Esta es la sociedad líquida en la que, según esos autores, estamos inmersos ahora, en un trayecto del pasado a un presente todavía sin nombre.

Dice Eco al respecto: "¿Hay algo que pueda sustituir esta licuación? Todavía no lo sabemos, y este interregno durará bastante tiempo".[42]

"En Europa la gente ya no puede imaginar un futuro"

-Vivimos en una crisis larga, aquí y en muchos puntos del planeta. ¿En qué punto cree que estamos?

-Le doy una respuesta tal vez sorprendente. Estoy viviendo en Europa y creo que el continente está en un estado más terminal de la crisis que ustedes aquí y que va a haber muy poco desarrollo en el campo del trabajo, por ejemplo. (...) Veo un agotamiento en los campos que conozco en Europa: la gente no tiene ideas nuevas.

-¿No hay ideas?

---

[42] *David Schabelman, Arquitecto. Prof. de la UNSJ. Especialista en Docencia Universitaria. Diplomado en Conducción Empresarial, Diario de Cuyo – 26/04/17*

-No hay ideas nuevas sobre qué hacer con la crisis del neoliberalismo. (...)

-No lo sé... estamos en crisis todo el tiempo. Esa es la sensación. Y tal vez la gente joven no puede imaginar un futuro aquí.

-Entonces tal vez ocurra en todas partes. (...) La gente no puede imaginar un futuro. (...) Tener treinta años y no poder mirar para adelante... No, no se puede vivir así." [43]

En **"La condición humana actual"**, Eric Fromm nos relata que muchas personas no encuentran significado a sus vidas; que sienten que sus vidas están vacías; sus vidas transcurren sin contenido. Y afirma Fromm que las personas que viven ese desfasaje entre estar vivas y sentir que no lo están, terminan en una neurosis. Frente a las quejas por sus insatisfacciones laborales, matrimoniales o de otro tipo, surge la pregunta por el trasfondo de esas situaciones y, en general, la respuesta es que a sus vidas les falta lo que les dé sentido. [44]

En su tesis doctoral [45] Karina García reyes nos cuenta que *"El análisis de las historias de vida de ex narcos arroja luz sobre dichos matices. Los participantes no se ven ni como víctimas ni como monstruos. Ellos no justifican su incorporación al narco como su "única opción" para sobrevivir, como muchos estudios académicos aseguran. Reconocen que entraron al narco porque, aun cuando la economía informal les permitía sobrevivir bien y mantener a sus familias, ellos querían "más".*

Los entrevistados tampoco se ven como criminales sanguinarios, como se les representa en las películas. Los participantes se definen como agentes libres que decidieron trabajar en una industria ilegal, pero también se definen como personas "desechables".

Este sentimiento de marginación, sumado a su problema de adicción a las drogas y la falta de un propósito general de vida, hace que valoren poco sus vidas y que la muerte, en cambio, sea vista como un alivio."

---

[43] Extraído de la Entrevista a Richard Sennett, sociólogo estadounidense, Clarín.com, 22-06-2018.

[44] La condición humana actual – Eric Fromm – Ed. Paidós – 1984 – Tercera edición.

[45] "Pobreza, género y violencia en las narrativas de 33 ex narcos: entendiendo la violencia del tráfico de drogas en México", Karina García Reyes, facultad de Ciencias Sociales y Leyes de la Universidad de Bristol, 2018-2019.

Javier Gomá Lanzón entrevistado por la revista Foreing Affaire también aporta a la comprensión de la situación:

"Usted dice en su libro que en los siglos XVIII y XIX hubo otro cambio.

Es la sustitución de la totalidad cósmica por la totalidad subjetiva. Se inaugura esa cosa que es el individuo, que se siente a sí mismo, por un lado, dotado de una dignidad incondicional, y por otro, abocado a esa cosa tan indigna que es la muerte: y necesita un nuevo instrumento de expresión.

¿Cuál es?

La literatura escrita. La subjetividad se convierte en el centro de la realidad y la cultura, se hace una cultura escrita por primera vez en la historia.

El realismo en la novela del XIX, ¿tiene algo que ver con lo que usted dice?

La novela es el género literario que inventa la nueva subjetividad. Cuenta la misma historia y es el conflicto del individuo con la sociedad. ¿Por qué? Porque en la época anterior, en la época que yo llamo cósmica, el hombre, la mujer, forman parte de un todo que trasciende, que puede ser la polis o puede ser el universo. ¿Qué es lo que ocurre en la modernidad? Que esa parte quiere constituirse ella misma en todo, que es la subjetividad.

¿Y cómo se refleja en la trama de las novelas?

Nace por primera vez la búsqueda del sentido de la vida. El concepto sentido de la vida es un concepto moderno. Antes no existía el sentido de la vida, porque te lo daba la posición que ocupabas en el cosmos o la posición que ocupabas en la polis. Nadie buscaba un sentido a su vida en la época grecorromana o medieval. Y la novela lo que cuenta siempre es, ¿por qué si yo soy una totalidad en mí mismo me voy a integrar en una sociedad que quiere hacer de mí una parte? Una parte de un todo que me trasciende, es decir, de la sociedad. Entonces la historia de la novela desde Don Quijote hasta Madame Bovary o Raskolnikov es la historia de cómo integrar un YO que se considera él mismo todo en una sociedad que quiere hacer de él una parte. El yo se resiste y sucumbe normalmente a la sociedad.

¿Eso explicaría que "El Quijote" sea la primera novela moderna? El hombre frente a la sociedad." [46]

Exactamente. ¿Cómo podemos formar una polis que siempre es un todo que trasciende a las partes, cuando cada una de las partes se considera un todo? Hay un conflicto no resuelto."

---

[46] Entrevista a Javier Gomá Lanzón, revista *Foreign Affairs, 12-12-2013*

"La era del vacío"

A pesar del optimismo de Gilles Lipovetsky [47], él mismo expresa en su obra el drama profundo de la carencia de afecto, del vacío que produce la soledad, la imposibilidad de "sentir", de ser "transportado fuera de sí". Afirma el filósofo que jamás se produjo una demanda de afecto como la que él ve en estos tiempos de "deserción generalizada". La vida en la ciudad presenta cada vez más posibilidades de "encuentro" pero, paradójicamente, cada vez es más difícil es encontrar una relación intensa y duradera: los individuos están cada vez más solos".

La llegada del nihilismo

Bien lo anticipó Nietzsche, también durante las últimas décadas del siglo XIX: *"Lo que cuento es la historia de los dos próximos siglos. Describe lo que sucederá, lo que no podrá suceder de otra manera: la llegada del nihilismo. Esta historia ya puede contarse ahora, porque la necesidad misma está aquí en acción. Este futuro habla ya en cien signos; este destino se anuncia por doquier; para esta música del porvenir ya están aguzadas todas las orejas."* [48]

Y el nihilismo es la máxima expresión de la decadencia. Decadencia de un modo de vida, causada por el agotamiento del vínculo fundamental sobre el cual se sostiene toda la actividad y toda la cultura: **la relación salarial**, origen del modo de acumulación del capital en la Modernidad.

Pero, a pesar de todos los diagnósticos vertidos desde tan variadas y respetables visiones, los economistas liberales no han podido encontrar una estrategia superadora. Aunque el ideario liberal no ha fracasado como el marxista sino que se ha agotado junto con el agotamiento del vínculo que le dio origen.

---

[47] Lipovetsky, Gilles. "La era del vacío"-trad. Joan Vinyoli y Michele Pendanx. (1986). Ed. Anagrama. Barcelona.

[48] Nietzsche – Prefacio a "La voluntad de poder" – Ed. Edaf S.L. – 21ª edición – 2012

Debilidades en el ideario liberal

Las ideas liberales sobre economía también, como las marxistas, adolecen de contradicciones y de concepciones basadas en supuestos; pero fueron funcionales a la empresa capitalista fundada en la relación salarial, mientras estas empresas crecieron hasta desarrollar todo el potencial del vínculo productivo. El ideario liberal en economía facilitó el desarrollo y el crecimiento de las empresas y de sus ganancias, porque los economistas liberales no hacen economía política sino economía empresarial; esto es, estudian profunda, extensa y detalladamente los movimientos de la producción y de la comercialización de mercancías y servicios con el propósito de obtener conocimientos que faciliten el funcionamiento y el crecimiento de las empresas y sus ganancias. Son conocimientos relativamente válidos mientras esos movimientos se producen en una situación de crecimiento económico; pero dejan de ser útiles cuando el sistema hace crisis, cuando se deprime la actividad productiva y comercial por incapacidad de la demanda de los consumidores para adquirir la inmensa masa de productos y servicios, que surge inercialmente del momento de crecimiento económico.

Uno de los supuestos de algunos economistas es el que las crisis son fenómenos propios de un ciclo natural del movimiento económico. Natural, en el sentido en que su movimiento es independiente de la actividad humana, como las lluvias en el ciclo del agua. Pero no somos nosotros, los humanos, los que provocamos la evaporación del agua de océanos, ríos, lagos y lagunas, ni somos causantes de la condensación de ese vapor en las capas atmosféricas ni de su posterior precipitación en forma de gotas de agua, la lluvia, que luego vuelven a sus depósitos originales. Hasta ahora, no hemos tenido nada que ver con ese ciclo. Pero no ocurre lo mismo con el llamado ciclo de la economía. Éste no se produce por causas naturales porque es fruto de la actividad humana. Somos nosotros quienes trabajamos transformando los elementos naturales en productos y luego los distribuimos para satisfacer nuestras necesidades y deseos. Nosotros creamos la actividad económica y por ende, la podemos hacer de la manera en que estimemos más conveniente; podemos controlarla y modificarla. Las crisis económicas no son fenómenos naturales frente a los cuales, como si fuesen una tormenta, sólo podemos tratar de disminuir sus efectos perjudiciales. Las crisis económicas son las consecuencias de un modo de relacionarnos en el proceso de producción y en la manera en que distribuimos el valor de lo producido. Si damos por verdadero el supuesto de que el ciclo de la economía es un ciclo natural, es inevitable que esperemos que la crisis se produzca y sólo nos prepararemos para minimizar sus perjuicios; no investigaremos su origen. Otros economistas, como Hayek, especial representante de la Escuela Austríaca, viendo con más claridad el que los fenómenos de la economía dependen de las acciones humanas, que no son inevitables, ven en la oposición: economía centralmente planificada desde el Estado versus economía individualmente planificada por los particulares, la génesis de las crisis. El origen de esa teoría tiene su explicación en el momento histórico en que fue elaborada por Friedrich Hayek: el período entre las dos grandes guerras mundiales, durante el cual se debatía el futuro de la Democracia y la tendencia dominante era el totalitarismo. Hayek identificó el comienzo del ciclo económico que desemboca en crisis, en la intromisión estatal en el curso normal de la actividad económica, que mediante la baja de la tasa de interés por parte de funcionarios políticos ignorantes o desaprensivos, intentan recuperar la actividad económica deprimida y causan una deformación del sistema de precios que, a la larga, causará una nueva crisis. No explica Hayek cómo es que se produce el primer aumento de la demanda que da origen a la primera expansión del crédito con dinero sin respaldo. Aún más y muy a pesar de Hayek y del ideario liberal, frente a la profunda crisis económica global actual, 2020, siglo XXI, los gobiernos han decidido sostener la estructura empresarial y el empleo subsidiando a ambos sectores con inmensas sumas de dinero fiduciario; esto es, dinero sin respaldo. No es una acción que responda al aumento de la demanda como lo planteara Hayek sino todo lo contrario, la demanda es insignificante frente a la inmensa cantidad de mercancía acumulada; la demanda es lo que está faltando.

Por otra parte, Hayek, coincidiendo con todos los liberales desde Adam Smith y su "mano invisible", recurre a "la fuerza impersonal del mercado" [49] para fundar en ella la eficacia absoluta de la libertad individual para producir y comerciar, asegurando que esa "fuerza" resolverá los desequilibrios que se

---

[49] F. Hayek. *Camino de Servidumbre* - https://www.elcato.org/bibliotecadelalibertad/camino-de-servidumbre/capitulo-xiv

presenten, logrando una distribución de la riqueza en beneficio de todos, incluso de aquellos a los que se podrá ayudar subsidiándoles cuando no hayan sido favorecidos por la naturaleza, la historia familiar o el azar. Y expresamente enuncia la necesidad de someterse a esa fuerza del mismo modo en que las personas se someten a un dogma religioso. De esa manera, no solamente contradice todo el resto de lo escrito en su libro, Camino de Servidumbre, a lo largo del cual intenta convencer de las bondades del ideario liberal mediante razonamientos económicos lógicos, fundados racionalmente, sino que expone de esa manera, con contundente evidencia que, al igual que el ideario marxista, el liberal también es un dogma y que, por lo tanto, se apoya en supuestos que sólo se sostienen por fe.

Coherentemente con esa actitud dogmática, que implica la aceptación resignada de aquello que se presenta como imposible de cambiar, Hayek no se plantea la posibilidad de encontrar una manera de lograr una distribución más justa de la riqueza [50] sino que, según él, como lo sostiene el ideario liberal, es preferible someterse a *"la fuerza impersonal del mercado"* aceptando la distribución de la riqueza que esa "fuerza" produce y no recurrir a la planificación centralizada que, como consecuencia, nos llevaría al totalitarismo. Está claro que tanto los liberales como los marxistas plantean el problema en el marco de solamente esas dos opciones. Ello es así porque a pesar de reivindicar el valor de la libertad, desde sus dogmas lo contradicen. Justamente porque no han descubierto que la libertad es el resultado de la creatividad, no se ocupan de investigar la posibilidad de crear una opción diferente.

Precisamente otro supuesto del liberalismo, que se ha constituido en una dificultad importante en relación a la superación del sistema económico es, paradójicamente, su concepción de la libertad. El ideario liberal supone que el individuo nace libre y, por ende, que la libertad es un atributo natural disponible para ser usado como el agua de lluvia. Desconoce que la libertad es creación grupal humana, no individual y, en consecuencia, es un bien social y como tal debe ejercerse. La afirmación *"el ser humano nace libre"*, carece totalmente de fundamento; a lo sumo, puede ser clasificada como una expresión de deseos. Basta con observar a un recién nacido de nuestra especie para ver que es completamente dependiente; su grado de libertad es cero. La

---

[50] Op. cit. Cap. VII.

libertad no forma parte de nuestra naturaleza humana.

La libertad es la posibilidad de optar entre dos o más alternativas. Pero estas alternativas no crecen en los árboles sino que son productos del trabajo grupal. Por supuesto que ese trabajo de creación comienza con la idea de un individuo, pero las ideas no se generan de la nada sino que tienen como base el lenguaje y éste es un producto social. De manera que ya desde el principio una idea tiene un soporte social sin el cual no podría haberse concebido. Pero, además, la creación de una alternativa implica la combinación de elementos diferentes para disponerlos de manera novedosa, y, si bien esa nueva disposición es lo que el individuo genera por sí mismo, el conocimiento y el manejo de los elementos ya tienen una historia dentro del grupo en el cual el individuo se ha desarrollado; además, el individuo sólo puede ejercer la actividad de elegir entre distintas alternativas luego de que éstas han sido construidas objetivamente, como algo externo al individuo, y esa construcción es fruto de la actividad del grupo.

Por otra parte, ¿Qué es un individuo humano sino una diferenciación de su grupo? ¿Acaso cada uno de nosotros no es el grupo, de una manera particular? Desde cualquier aspecto que se considere, el genético, el anatómico, el fisiológico, el lingüístico, el consuetudinario, etc., no somos más que una particularización o diferenciación del grupo, de lo que nos constituye y de lo que vamos entrelazando a lo largo de nuestra existencia; tampoco somos menos, puesto que esa diferenciación es única e irrepetible y, por lo tanto, valiosa.

Por ello, actuar en función de una concepción de libertad individual, como lo hace, o pretende hacerlo, el liberal, es llevar la individualidad propia de la persona como diferenciación de su grupo, al individualismo que la aísla, la separa del grupo, la des-integra y la enfrenta a los demás en un conflicto generador de angustia y violencia; conflicto muy difícil de percibir por el individuo desintegrado y que lo empuja a comportamientos evasivos, destructivos o autodestructivos.

El capitalismo liberal agotado

El agotamiento de este capitalismo, cuyas virtudes se fundaron en la irrupción de individuos en la escena de la historia, individuos que crearon una alternativa válida a la crisis del feudalismo, no es reconocido por los liberales que fuerzan la permanencia del sistema tanto por obstinación dogmática como por el impulso por mantener su estatus privilegiado. Enfrentan el individuo al grupo, como lo planteó Hobbes cuando sintetizó esa dualidad en la conocida frase *"el hombre es el lobo del hombre"* a la cual se aferran exaltando y priorizando la acción individual y, de esa manera, producen el fenómeno del individualismo que profundiza y agrava la situación problemática para todos, incluidos ellos mismos que se autoexcluyen del grupo desintegrándose, con las consecuencias dolorosas y hasta dramáticas que eso conlleva.

Adam Smith (con su "mano invisible") y Carlos Marx (con su "misión histórica del proletariado"), ambos pilares fundamentales de los idearios Liberal y Socialista, sentaron bases teóricas contradictorias y, por supuesto, dogmáticas: concibieron al hombre como un ser libre, constructor de su propio destino pero, al mismo tiempo, determinado por un sistema económico que se rige por sus propias leyes, tan naturales como la de la gravedad. Lo teorizado por el segundo, fracasó y lo teorizado por el primero, agotó su eficacia. Sin respuestas y sin propuestas válidas, la crisis se agudiza y se profundiza; y en medio de las dificultades las pasiones se exacerban y los comportamientos se extreman. Es necesario generar otra concepción para superar el estancamiento y la degradación social. Es la Civilización la que está en juego. El problema ahora no es entre ricos y pobres, porque si bien estos últimos son los más perjudicados, los primeros, aunque en apariencia disfrutan de sus riquezas, también están siendo alcanzados por el aislamiento resultante del individualismo, por la desazón de una vida sin sentido que les lleva a las adicciones autodestructivas, por el dolor provocado por la carencia de vínculos afectivos reales, no fingidos o forzados. Tampoco es un problema entre clases sociales antagónicas. Tanto el empresario burgués como el obrero proletario, son productores y colaboradores en el proceso de producción; aunque la distribución del valor de lo producido no sea proporcionalmente equitativa y lo que uno se adjudica de más, el otro lo recibe de menos; esa relación desproporcionada tuvo su origen en una situación histórica que se configuró en un vínculo, **el salario**, que fue solución para ambas partes en la situación de crisis del feudalismo. Hoy, se ha tornado en el obstáculo fundamental para que toda la sociedad continúe el proceso civilizatorio y humanizador, lo cual perjudica a unos y a otros, aunque afectándoles de diversas maneras.

Concluyendo

Definitivamente, el capitalismo liberal ha agotado su fecundidad y ya no logra ni logrará respuestas adecuadas a los problemas y las demandas de la ciudadanía. El ideario liberal está cerrado sobre sí mismo y desde sus elementos constituyentes es imposible la apertura.

La "mano invisible" de Adam Smith y "la fuerza impersonal del mercado" son recursos irracionales para fundamentar las bondades del liberalismo, que lo llevan a la categoría de dogma.

La cultura de la Modernidad está cimentada en el vínculo productivo y distributivo del salario y es ese vínculo el que debemos superar para pasar a un estadio cultural superior.

La crisis económica global es terminal, precisamente por ser global y se produce como resultado del desequilibrio distributivo.

Capítulo III

Sistema económico

No construimos sistemas económicos de golpe, de un día para el otro, sino vínculos personales para producir y distribuir lo producido que, cuando resultan satisfactorios son imitados por otras personas y se van generalizando hasta hacerse sistemáticos en un grupo y así convertirse en un sistema que define el modo de producción y distribución de bienes y servicios en el conjunto social.

Estos modos sociales de producir y distribuir, estos sistemas económicos, resultan satisfactorios precisamente porque satisfacen necesidades y deseos.

Para darles estabilidad, para sostener en el tiempo un sistema económico, fijamos y establecemos normas, y creamos instituciones que dan forma, que impulsan y rigen comportamientos adecuados a esos vínculos económicos con los que dimos origen al sistema y sobre los cuales lo hemos fundamentado.

A partir de esas normas, esas instituciones y esos comportamientos, generamos la cultura.[51]

Por ejemplo, no todos los grupos humanos nómadas habrán descubierto, al mismo tiempo, el modo en que se reproducen las plantas que producen frutos nutritivos, no; sin duda, dos o tres individuos de uno de esos grupos, luego de vagar de un lugar a otro durante mucho tiempo y de regresar, año tras año al lugar en que recolectaban frutas y raíces comestibles, descubrieron que la relación adecuada entre las semillas, la tierra y el agua era lo que generaba una nueva planta y, con ella el alimento. Seguramente, habrán realizado numerosas pruebas hasta dominar el procedimiento natural y lograr los primeros frutos cultivados. A partir de ahí, visto que los resultados superaban en mucho el modo anterior de obtener alimentos, el comportamiento para sembrar, cultivar y cosechar comenzó a generalizarse siendo practicado si no por todos, al menos por la mayoría de los miembros del grupo. Las necesidades alimenticias

---

[51] No fue "la fuerza impersonal del mercado" como Friedrich Von Hayek pretende lo que ha dado origen a la civilización. Las normas y las instituciones, fueron creadas por la necesidad de consolidar la producción de alimentos como estrategia superadora de la caza y la recolección; el mercado aparece mucho después, cuando el sobrante de la producción de un grupo comenzó a ser intercambiado por el sobrante de la producción de otro grupo; y esto, de manera no regular ni significativa hasta la Modernidad, es decir, muy reciente en nuestra historia. Concebir una "fuerza impersonal" incidiendo en las relaciones entre los hombres, es reditar en el siglo XX la actitud mágica de los hombres primitivos que concibieron "dioses" para explicar los comportamientos humanos. (N de A).

estaban mejor logradas permaneciendo en un lugar, a la vera de un río y trabajando la tierra, que vagando en busca de frutos y raíces comestibles. El grupo pasó de nómada a sedentario y creó la agricultura. Ello modificó las relaciones personales entre los miembros del grupo pues ahora algunos debían permanecer cuidando los cultivos y las cosechas para evitar que otros animales o humanos de otros grupos se apoderasen de sus frutos, mientras otros miembros del grupo salían a cazar y a recolectar para mantenerse hasta el tiempo de la cosecha. Posiblemente eso fue el origen de la primera división del trabajo, recayendo en las hembras el cuidado de las crías y las huertas, y la producción de abrigos, y en los machos la actividad de la cacería y la protección del poblado. Creamos los primeros poblados, gérmenes de las primeras ciudades que luego debieron ser amuralladas para proteger al grupo de los depredadores animales y humanos. Así, los miembros del grupo debieron establecer nuevos vínculos entre ellos a partir del modo en que producían y distribuían sus alimentos: quiénes realizaban unas tareas y quiénes otras, como las de cultivo, cacería, protección, solución de conflictos en el mismo grupo, etc., todo lo cual implicó nuevos comportamientos, nuevas normas, creación de incipientes instituciones y, en definitiva, creación de las primeras formas de cultura. La producción creció y con ella, las poblaciones aumentaron en número haciendo más variadas y complejas las situaciones y las relaciones; nuevos comportamientos, nuevas normas, nuevas instituciones. La asociación de humanos, la sociedad humana, fue tomando forma. **La producción superó al consumo**. Nuevas necesidades se derivaron de esta nueva situación, como la del estudio de los ciclos de la naturaleza, la de registrar fenómenos y hechos relacionados con la producción, etc., y con ellas, la de personas dedicadas a esas tareas y no directamente a las de producción. Así, algunos producían para todos, otros estudiaban y registraban, otros organizaban y dirigían, otros, se ocupaban de la protección; se crearon nuevas relaciones entre los miembros del grupo y entre miembros de distintos grupos. La producción excedente dio lugar a una nueva transformación fundamental: hasta entonces, los combates entre grupos terminaban con el vencido muerto o en franca huida; pero desde entonces, el vencido era capturado y cambiaba su vida, o se la cambiaban por el trabajo de esclavo. Una nueva relación, un nuevo vínculo fue creado: **la esclavitud**. Con esta relación, amo, esclavo, dimos un nuevo impulso a la producción y con ello, al crecimiento poblacional y a la cultura. Toda la época que llamamos Antigüedad estuvo fundada sobre ese vínculo productivo y distributivo. Vínculo que por implicar una distribución proporcional del valor del producto, no equitativa, produjo un desequilibrio económico que llevó a la degradación del sistema.

Ese desequilibrio, que ha conllevado un costo de vidas altísimo, ha sido, por otra parte, el motivo y la causa de la acumulación de bienes con los que hemos llevado a cabo el progreso tecnológico mediante el cual logramos situarnos muy próximos a la seguridad absoluta de la supervivencia humana y por extensión, de la vida. Sobre todo con el vínculo del último sistema económico, **el capitalismo liberal** fundado en **el salario** de la época Moderna.

Pero con el capitalismo liberal nos ha ocurrido lo mismo que con los otros sistemas de producción y distribución; en este caso, por el desequilibrio en la distribución proporcional del valor de lo producido, hemos llegado a la paralización del sistema, generando lo que se describe en algunos artículos periodísticos citados más arriba, y algunas otras consecuencias aún más dramáticas.

La práctica sistemática del vínculo productivo y distributivo, *el salario*, con el cual se ha desarrollado el Capitalismo, es lo que ha llevado a la situación actual, en la que ya no hay forma de que responda a las demandas de la ciudadanía.

Con el desarrollo de los medios de producción, los de transporte y los de comunicaciones, hemos construido lo que se ha dado en llamar "la aldea global" y, con ella, el mercado global.

Este mercado, el único mercado, ya no funciona: no hay demanda que pueda consumir toda la oferta que llevamos a este mercado. La inmensa mayoría de consumidores sólo puede absorber una parte pequeña, y cada vez más pequeña de todo lo que se produce. Las empresas acumulan mercancías que no pueden vender y se ven en la obligación de cerrar sus puertas y parar su actividad declarándose en quiebra o de aumentar sus precios para compensar esa disminución de ingresos y ganancias con lo poco que venden, lo cual disminuye el consumo entrando así en una espiral descendente: las mercancías que no se venden y deben stockearse implican, por una parte, un costo de inversión que no genera ganancias y, por otro, un costo de mantenimiento; esos costos deben ser cubiertos y el único modo es el aumento del precio de la mercancía que sí se vende, pero ese aumento provoca una disminución de la demanda que, a su vez, aumenta la cantidad de mercancía no vendida, y así sucesivamente.

El cambio de estrategia de la fabricación industrial de mercancías de larga duración y reparables, a mercancías de corta duración y descartables, dio un nuevo impulso al mercado después de la Gran Depresión; crisis que, aunque de magnitud extraordinaria, pudo ser superada por el sistema debido a que fue producida en un mercado acotado a los países de vanguardia del sistema y a que el desarrollo científico y tecnológico fue propicio para implementar esa nueva estrategia en la elaboración de mercancías. Hoy, a cien años del comienzo de aquella gran crisis, hemos producido la Gran Recesión, una crisis de mayor magnitud que la anterior y para la cual no se proponen ni teórica ni prácticamente, estrategias de superación.

Capítulo IV

El vínculo
que relaciona productores

Es el vínculo fundamental de la economía y la cultura de una época.

Hoy es **el salario**, el pago en función del tiempo trabajado lo que vincula a los productores en el proceso productivo y lo que define el modo en que se distribuye el valor del bien producido.

El valor del bien, establecido de manera concreta en el momento de su intercambio o venta, es distribuido luego entre los productores. La forma en que se distribuye, la parte que toca a cada uno de ellos, está determinada por el salario: quién percibe éste, el salario, recibe una parte no relacionada con su aporte al valor del bien sino con el tiempo en que estuvo trabajando y produciendo; otra parte del valor del bien será destinada a cubrir los costos de producción fijos y variables; y quien percibe el resto, lo que se llama **ganancia**, recibe esta parte, la ganancia, que sí está relacionada directamente con el valor del producto comerciado.

Es de ese modo cómo se produce una desigualdad conceptual en la distribución del valor del producto: uno recibe su parte no relacionada con ese valor y el otro recibe la suya que sí está relacionada con ese mismo valor.

Veamos ahora si esa desigualdad conceptual es justa.

Lo justo, según entendemos y aceptamos todos, **es dar a cada uno lo que le corresponde**.

Esa concepción de lo justo, ya la enunció Aristóteles en su "Ética" hace más de dos mil años:

"... lo justo es algo proporcional... la proporción es una igualdad de relaciones... Lo justo se combina asimismo de por lo menos cuatro términos... La correspondencia entre A y C y entre B y D, es la clase de la justicia distributiva, y lo justo de esta clase es un medio entre extremos que de otro modo no estarían en proporción. Dado que la proporción es un medio, y lo justo es siempre proporcional... De donde se dice que si lo justo es la proporción... lo injusto es lo opuesto a la proporción, ya sea en más o en menos... Esto es justamente lo que ocurre en la realidad; el que consuma la injusticia se atribuye más de lo que debe tener, y el que la padece recibe menos de lo que le corresponde." Y más adelante *'Lo justo, relacionado a la distribución de los recursos comunes de la comunidad, debe mantener siempre*

la proporción que recién explicamos. Si se decidieran a repartir las riquezas sociales, sería necesario que la repartición mantuviese la misma relación que tengan las partes con que cada uno haya contribuido. Lo injusto, o dicho de otro modo, lo contrario a lo justo entendido de esta manera, sería lo opuesto de esta proporción." [52]

Es fácil entonces concluir que ese modo desigual de distribuir el valor del producto, es injusta, porque la parte que recibe quien percibe el salario, no guarda relación proporcional con lo que ha aportado para la realización del valor del producto. En cambio, la parte que recibe el empresario sí tiene relación con su aporte. Aunque es obvio que esa relación no es proporcional.

Pero veremos que, además de la desigualdad conceptual y la injusticia en la relación proporcional, el problema no sólo es teórico y ético sino también y fundamentalmente, fáctico. Y desde ahí, desde los hechos, desde esa originaria desigualdad e inequidad, desde ese desequilibrio contenido en el vínculo del salario, es que se produce el gran desequilibrio como culminación del sistema: **la crisis.**

Esa inequidad en la distribución del valor de lo producido, repetida constantemente millones y millones de veces, regularmente cada semana, cada quincena, cada mes, cada año, actúa como el zumbido de las abejas: el que una produce, no es audible pero el que produce un enjambre, atemoriza.

Esa pequeña desproporción en la distribución entre un empleador y un empleado, en la cual uno recibe más de lo que le corresponde y el otro menos, multiplicada innumerables veces, con el tiempo se transforma en un gran desequilibrio entre la oferta y la demanda, y culmina en la crisis de la economía.

Al percibir el empleado su parte del valor del producto elaborado y vendido, mediante una remuneración en función del tiempo trabajado, el salario, y no en función de su aporte a la conformación de ese valor, esa parte será menor que la que le corresponde y, simultánea y complementariamente, la que percibe el empleador será mayor que la que le corresponde. Éste irá acumulando valores que, en realidad, son productos; mientras que, al mismo tiempo, aquél irá perdiendo esos mismos valores o productos y como resultado final el empleador habrá acumulado una inmensa cantidad de productos y el empleado quedará sin ellos y, por lo tanto, no tendrá qué intercambiar para adquirir lo que necesita. Y eso es lo que está sucediendo ahora a nivel global: una parte

---

[52] Ética, Aristóteles, Ed. Libertador, Argentina, 2003, pp. 128, 129.

muy pequeña de la población mundial, unos pocos miles, posee más del 90% de la riqueza; el otro 10% está, incluso desigualmente, distribuido en los otros miles de millones de habitantes.

No nos dejemos engañar por el dinero y recordemos siempre que es un producto del trabajo, y en ese sentido, es como cualquier otro producto. Es una mercancía producida para ser intercambiada por otras, como todas las mercancías. [53] Aunque el dinero posee la función de ser la mercancía universal, esto es, destinada a facilitar el intercambio de todas las demás porque las representa a todas, no deja de ser una mercancía, esto es, la mercancía "dinero" es una mercancía; quien la posee, posee mercancía; quien la acumula, acumula mercancía y mientras más mercancías tiene, más puede intercambiar con otros poseedores. El problema se le presenta a aquel que acumuló, cuando la mayoría no tiene mercancías para intercambiar. Hoy vemos que hay unos pocos, poquísimos, con mucha, muchísima mercancía y, al mismo tiempo, hay muchos, muchísimos, con poca o ninguna mercancía… El intercambio se hace muy dificultoso, casi imposible y de esa manera el sistema se detiene… ¡Crisis!

Es claro, entonces, que lo que debemos resolver, en lo económico, es esa desigualdad conceptual, esa injusticia en la relación proporcional, ese desequilibrio fáctico contenido en el vínculo del salario. Cada persona involucrada en el proceso de formación del valor de un producto, un bien, una mercancía, debe recibir una parte de ese valor, proporcional a lo que aportó para su realización. Lo que le corresponde, lo justo.

Hace algo más de setenta años, en el artículo 14 bis de nuestra Constitución Nacional se dejó constancia de que por voluntad general del Soberano de nuestra Nación *"... las leyes (…) asegurarán al trabajador (…) participación en las ganancias de las empresas, con control de la producción y colaboración en la dirección."* Esa voluntad popular, voluntad del Pueblo de la Nación Argentina expresada claramente en el Acuerdo Social fundacional, en la Ley de Leyes, no ha encontrado eco en nuestros legisladores ni ha sido reclamada por los sindicatos obreros pero señala claramente que, aunque en ese mismo artículo se sigue manteniendo la idea de un salario, aunque mínimo, no es éste, el salario, el camino de la equidad.

---

[53] Cuando el dinero es fiduciario, cuando su valor nominal no representa su valor real, es falso; es una ilusión que luego se paga caro. (N de A)

Un nuevo vínculo

Esta necesidad, entonces, de superar el vínculo del salario en la relación de producción y en la de distribución, tiene su respuesta en la creación de un nuevo vínculo: el de la **participación proporcional** en el valor creado grupalmente y realizado concretamente.

No se trata solamente de una participación de los trabajadores en las ganancias de las empresas sino de que esa participación debe ser proporcional a lo que aporta cada uno para que el producto se haga realidad. El salario debe ser superado como modo de distribución del valor del producto. Cada uno de los involucrados en un proceso productivo debe percibir una cantidad del valor del producto, proporcional a lo que haya aportado para su realización.

Pero si bien como concepción general este nuevo vínculo se funda en la equidad y en el equilibrio económico, para su concreción debe establecerse el modo en que se cuantificará el aporte de cada productor en el proceso de creación de valor; y para ello, para cuantificarlo, hace falta un criterio acordado.

Este es el punto crítico pues definirá el modo en que se distribuirá ese valor y, por tanto, el ingreso de cada uno de los productores agrupados en una empresa.

Tanto los liberales como los marxistas han considerado como unidad de medida del trabajo, las unidades de medida de tiempo; es lo que les ha presentado la práctica cotidiana del vínculo salarial, propio de la economía de la Modernidad. Pero ya hemos dejado claro que las actividades que crean valor, las que en conjunto llamamos *trabajo*, no pueden medirse por el tiempo aunque estén remuneradas mediante el salario.

Definitivamente no existe en la naturaleza exterior, ajena al hacer humano, una magnitud cuyas unidades de medida puedan aplicarse a la diversidad de actividades que categorizamos como *trabajo*. El haber recurrido por parte de los primeros y mayores exponentes de las teorías económicas predominantes a la magnitud "tiempo" y a sus unidades de medida, obedeció, como se ha expuesto más arriba, a factores culturales de peso en el momento de la época Moderna en que ellos estaban estudiando el tema. Estos factores pueden identificarse como *"el vínculo del salario como práctica sistematizada"* y *"la noción dual de la realidad, concebida como objeto opuesto al sujeto"* [54]. Por lo tanto, el modo de cuantificar las actividades productivas en relación con el valor producido, debe surgir del acuerdo de los productores agrupados en un proceso de producción.

Este acuerdo, debe ser visto como necesario para superar la situación actual, porque con el vínculo implicado en la **participación proporcional,** en primer lugar, **la relación será entre personas** que se complementarán para lograr un mismo fin, no concibiendo uno a otro como a un medio a utilizar para alcanzar sus objetivos sino como una persona que colabora haciendo un aporte diferenciado en el proceso de elaboración de un producto; en segundo lugar, porque esa relación entre personas implica que **estarán integrados por ese mismo fin,** con lo cual se superarán el individualismo y el aislamiento, y sus consecuencias; en tercer lugar, porque **la distribución de los valores producidos,** hoy llamada distribución de la riqueza, **se hará con equidad,** lo cual facilitará el consumo de toda la producción evitando las crisis recurrentes; y en cuarto lugar, y como consecuencia de las tres razones anteriores, **evitaremos la expansión de la Barbarie e iremos hacia un nivel superior de Civilización.**

El problema no es la unidad de medida del trabajo, sino la proporción en que el trabajo de uno se relaciona con el trabajo de otro en la conformación del valor de cada producto o servicio concreto en que hayan intervenido.

El trabajo no es una magnitud, no puede ser medido pero sí cuantificado.

El modo adecuado y justo, además de concreto, de establecer una cuantificación del trabajo es por sus resultados, por la producción realizada.

Imaginemos dos personas que trabajan en las circunstancias siguientes: A, que lo hace durante una jornada de 8 horas produce 20 unidades del producto y B, debido a que además de trabajar, estudia, lo hace durante una jornada de 4 horas y produce 13 unidades del mismo producto. Realizan la misma actividad y si perciben sus remuneraciones de acuerdo al tiempo trabajado, A recibirá el doble de lo que se le pague a B. Pero resulta que B, que es un trabajador más hábil que A, produce 13 unidades durante sus 4 horas; esto es, que si B trabajase 8 horas por jornada su producción sería de 26 unidades o, lo que es lo

---

[54] Leyes "objetivas", etc. (N de A).

mismo, un 30% mayor que la de A. Cualquiera puede darse cuenta de que no es justo que B cobre lo mismo que A. Y quien se habrá dado cuenta en primer lugar será el mismo B que, si no recibe una diferencia por su mayor efectividad, disminuirá su productividad para ajustarla en función de lo que cobra A, ahorrando esfuerzo.

Como principio general, como criterio básico de equidad, podemos establecer que **el modo más adecuado de definir la porción de valor que aporta cada productor al producto, es la efectividad de su actividad productiva.** Esto es, la eficacia unida a la eficiencia del productor. La eficacia, como la relación entre el trabajo realizado y el producto planeado, es decir, el trabajo será más o menos eficaz en función de la calidad esperada del producto; y la eficiencia, como la relación del costo de los recursos (entendiendo por éstos no solamente los medios materiales sino también el conocimiento), y del tiempo utilizados para la elaboración del producto.

Ello sólo puede ser juzgado una vez terminado el proceso productivo, una vez que el producto, en función del cual se ha trabajado, muestra lo eficaz y lo eficiente del trabajo realizado. Esto pone a consideración la situación inicial del grupo. Pero, además, queda por resolver el modo en que con este criterio se cuantificará la porción que corresponderá a cada productor agrupado en un proceso productivo. Veamos esto con un ejemplo imaginario muy simple:

Pedro, ayudante albañil, Juan, también ayudante albañil y Pablo, oficial albañil, son tres albañiles que han construido una pared medianera, de ladrillos, entre dos lotes. Pedro preparó la mezcla para pegar los ladrillos, Juan transportó la mezcla en baldes y los ladrillos en una carretilla, desde donde estaba Pedro y desde donde habían descargado los ladrillos, hasta donde estaba Pablo, que construyó la pared pegando los ladrillos con la mezcla.

Antes de comenzar la obra acordaron que, una vez descontados los gastos de arena, cemento, ladrillos, máquina hormigonera, herramientas, etc., el resto del monto a cobrar se repartiría entre los tres de acuerdo a la **efectividad** de cada uno en la parte del trabajo que realizara.

El monto total que cobraron por la construcción de la pared fue de $20.000.-

Los gastos mencionados más arriba, incluyendo las pérdidas, fueron de $10.000.-

El dinero a distribuir, $10.000.-

Terminada la obra, evaluaron conjuntamente la eficacia y la eficiencia del trabajo de cada uno con las siguientes observaciones:

La mezcla que preparó Pedro estuvo bien preparada, siempre a tiempo y se aprovechó toda la materia prima.

En el acarreo que realizó Juan se rompieron varios ladrillos y se volcaron dos baldes de mezcla que no se pudieron aprovechar. Se calcula una pérdida del 5% de materiales y otro 5% de tiempo.

La pared construida por Pablo respetó perfectamente la verticalidad en todas sus partes y se ajustó al plano correctamente.

El criterio de la **efectividad de la actividad productiva** expresado más arriba permite resolver la parte del valor que aportó cada uno y, por lo tanto, la parte de ese valor que le corresponde. A este criterio, debido a que el conocimiento es condición necesaria (aunque no suficiente) para la efectividad, debe agregarse una categorización del productor.

Puede formalizarse de la siguiente manera:

Simbolicemos las variables para construir la fórmula.

V =   *valor*

pp =   *producto planeado (siempre es 1)*

pl =   *producto logrado (siempre estará entre 0 y 1)*

c =   *conocimiento (será 1 para el natural. Se definirá una escala acordada para cada rama de actividad)*

am =   *aprovechamiento de medios materiales (siempre estará entre 0 y 1)*

at =   *aprovechamiento del tiempo (siempre estará entre 0 y 1)*

$$V = pp + pl + c + \dfrac{am + at}{1}$$

Aplicando esa fórmula:

para Pedro será

$$V = 1 + 1 + 1 + \dfrac{1 + 1}{1} = 5$$

para Juan será

$$V = 1 + 0,95 + 1 + \dfrac{0,95 + 0,95}{1} = 4,85$$

y para Pablo

$$V = 1 + 1 + 2 + \dfrac{1 + 1}{1} = 6$$

Transformando esos valores en porcentajes, se tiene

El 100% es: 5 + 4,85 + 6 = 15,85

En consecuencia,
5 es el 32,36%; y ésto, de $10.000, son $3.155, que corresponden a Pedro.
4,85 es el 31,40%; y ésto, de $10.000, son $3.059, que corresponden a Juan.
Y 6 es el 38,84%; y ésto, de $10.000, son $3.786, que corresponden a Pablo.

Como puede observarse en el ejemplo detallado, el nuevo vínculo rescata del Capitalismo el incentivo de la riqueza creciente y el acicate de la competencia; y del Marxismo, la concepción social del hombre.

Capítulo V

Las reformas necesarias

Para superar la crisis son necesarias reformas económicas y políticas que coherentemente se complementen. Por el tenor de las mismas, es posible que la ciudadanía que comprenda el valor de los comportamientos productivos deba reclamar la puesta en marcha de esas reformas a los poderes políticos de cada país, aunando y coordinando esfuerzos hasta lograrlas. Sin duda, muchos de los funcionarios políticos sobre los que recaerá la tarea de legislar e institucionalizar las reformas, no se sentirán proclives a hacerlo pues sentirán que perderán lo que creen que son privilegios, aunque se engañen con ello pues estarán abonando en el sentido de los comportamientos contraculturales del bárbaro, de manera que sus privilegios son pseudo privilegios que también a ellos les afectan negativamente.

***

La ciudadanía que pueda ver esta "luz al final del túnel" deberá hacer un gran esfuerzo para coordinar actividades en favor de la Civilización humanizadora.

La reforma económica

Deberá centrarse en la creación de empresas cuyos productores involucrados estén vinculados mediante la participación proporcional en el valor de lo producido y comercializado, de modo que cada cual obtenga la parte que proporcionalmente corresponda con su aporte, utilizando como principio general la efectividad de su trabajo.

Estas empresas podrán iniciar actividades con el aporte financiero del BNA, que les proporcionará un préstamo a devolver en condiciones iguales a los otorgados a otro tipo de empresas en ese momento. Si alguno de los productores asociados dispone del financiamiento inicial y lo pone a disposición de la empresa, será también a título de un préstamo que será devuelto en las mismas condiciones que las que fije el BNA.

Para definir la legalidad de este nuevo vínculo productivo, pueden tomarse como referencia los aspectos funcionales establecidos para el tipo de empresa ya vigente, denominado empresa social, a partir de los cuales se podrán hacer las modificaciones convenientes como para legalizar el vínculo basado en el principio de participación proporcional en el valor producido.

Los poderes políticos deberán promocionar y facilitar la creación de estas **empresas de participación proporcional** mediante leyes pertinentes, y desalentar la formación de nuevas empresas basadas en el vínculo salarial.

La reforma política

Deberá tener como objetivo mejorar el sistema democrático introduciendo mecanismos de participación ciudadana, de modo que el sentido profundo de la Democracia sea una realidad cotidiana, superando la delegación del poder que hoy se hace en la persona de los funcionarios y que deja a los ciudadanos inermes frente al arbitrio de los representantes.

En función de ese propósito debe aprobarse una "Ley de control ciudadano del compromiso del funcionario político" [55]

---

[55] Una propuesta en forma de proyecto de ley, encontrará el lector en el Anexo de este trabajo. (N de A).

Capítulo VI

CONCLUSIÓN FINAL

El conflicto humano a resolver no es entre dos sectores, sean éstos dos clases sociales antagónicas, como lo plantea el marxismo o sean el individuo enfrentado al resto de la sociedad, como lo sostiene el liberalismo. El origen de los dramas humanos es el conflicto entre el **comportamiento** del **productor**, del hombre civilizador y el **comportamiento del predador**, del hombre bárbaro.

Ambos comportamientos, que están presentes como tendencias en cada uno de nosotros, han dado origen a las concepciones del Bien y del Mal. En unas personas predomina una tendencia y en otras, la otra.

***

El comportamiento productor, que dio origen a la concepción del Bien por ser el comportamiento con el cual logramos superar la animalidad iniciando la humanización, la civilidad, la cultura, es, relativamente, más reciente pues en su práctica llevamos unos pocos milenios. El comportamiento predador, que dio origen a la concepción del Mal por ser opuesto al comportamiento productor, implica prácticas instintivas, bárbaras, deshumanizantes, es más antiguo pues le venimos practicando desde hace cientos de miles de años. Por ello, esta tendencia aún tiene más fuerza que la productora, lo cual se manifiesta claramente cuando el vínculo productivo agota su eficacia y hace crisis; una vez superada la crisis con la creación de un nuevo vínculo productivo, retomamos el curso de la humanización.

Es, entonces, el nuevo vínculo productivo, el **vínculo de la participación proporcional** en la producción y distribución del valor de lo producido, la **clave** para superar la crisis que hoy ya se ve como la más grave de la historia. Es este vínculo el que debemos comenzar a practicar hasta convertirlo en el sistema que fundamente una nueva etapa civilizadora.

Posiblemente este nuevo sistema económico sea llamado "**Capitalismo Grupal**".

"Los deconstructores de la posmodernidad ya hicieron su trabajo. Es hora de que nosotros volvamos a construir"

Capítulo VII

Consideraciones complementarias

Valor económico

Individualismo

Los vínculos fundamentales

El proceso de humanización

La economía "infectada"

El Bien y el Mal

Valor económico

Las actividades que se realizan con el fin de satisfacer necesidades y deseos, revisten la cualidad de ser *trabajo*. Son procesos que, cuando culminan con el logro del propósito que las motivó, se constituyen como un bien o un servicio que por ser tal es *valioso*. Si ese bien o ese servicio es consumido por quien lo produjo, cabe llamarlo *valor de uso;* pero si el destino del bien o del servicio es el consumo de una persona distinta de la que lo produjo, aquella deberá entregar, a cambio, otro valor similar y, en este caso, cabe llamar al bien o al servicio, *valor de cambio*. Éste es el **valor económico.**

Por lo tanto, los valores económicos son el resultado de trabajo realizado con el fin de producir valores cambiables por otros valores diferentes.

En consecuencia, es trabajando como creamos valores económicos.

Dado que el trabajo se ejerce sobre objetos para disponerlos en función de obtener un valor económico, el objeto está presente, es el soporte material del valor, pero no forma parte del mismo. El valor económico está conformado por las actividades con las cuales una o varias personas producen un bien o un servicio para otras, utilizando uno o varios objetos materiales, ya sea transformándolos, cambiando solamente su situación o usándolos para transformar otros objetos o para cambiar la situación de estos.

Por ejemplo, la fruta que está en el árbol silvestre, puede ser cortada y consumida por la misma persona; en este caso, el valor de esa fruta es solamente por el uso que de ella hizo quien la cortó y consumió; no es un valor económico; es sólo un valor de uso. Pero si esa misma persona no la consume sino que la corta y se la entrega a otra persona a cambio de, v.gr., otra fruta diferente o una moneda, entonces las frutas se constituyen en valores económicos porque fueron cortadas con el propósito de ser intercambiadas por otro bien diferente. En este ejemplo, la fruta no ha sido objeto de transformación alguna sino que, tal como se cortó del árbol, así fue entregada en el intercambio; la persona que la cortó no hizo más que trasladarla hasta el encuentro con la otra persona que le entregó otra fruta o dinero. No hubo transformación material pero sí hubo trabajo: las actividades realizadas para cortar la fruta y para trasladarla.

En la provincia de Neuquén, en la Patagonia Argentina, comunidades del pueblo precolombino Mapuche recolectan todos los años los piñones, que son el fruto de las coníferas araucarias, y los comercializan tal y como lo describí en el ejemplo anterior.

También puede suceder que una fruta sea cosechada y luego transformada en dulce. En este caso, las personas que lo producen deben usar, además de la fruta, utensilios, quizás alguna máquina, insumos, etc., para producir ese dulce que será el valor económico que intercambiará con otras personas. Y esos utensilios, esa máquina y esos insumos, también son valores económicos producidos previamente por el trabajo de la misma o de otra persona. Definitivamente, el valor económico del dulce será la conjunción de los valores económicos reunidos para producirlo e intercambiarlo.

La fruta, como tal, mientras estuvo en la planta, no constituyó valor económico alguno. Sólo el trabajo humano aplicado a esa fruta, creó valor económico.

Ahora bien, como quedó definido más arriba, el trabajo humano es actividad que se realiza con el fin de satisfacer necesidades o deseos. Esa actividad la realiza cada persona, ya sea en solitario o coordinada con otras en un grupo, involucrando toda su persona en todo momento. No existen actividades exclusivamente manuales o exclusivamente intelectuales; no se mueve el músculo por sí solo ni el cerebro piensa sin la sangre que circula nutriéndolo con oxígeno y alimentos incorporados muscularmente. En consecuencia, tanto mover las manos como pensar son actividades que, si se realizan con el fin de satisfacer necesidades o deseos, son trabajo. Y los valores económicos son el resultado de hacer y pensar, pensar y hacer.

En los grupos productivos muchas personas realizan actividades pensadas por otros. Y todos, quienes piensan, estudian, planifican, organizan y dirigen las actividades tanto como quienes las realizan, aportan, cada uno en un porcentaje al valor final del bien o del servicio producido y vendido.

Cómo definir ese porcentaje, cómo cuantificarlo, qué *criterio* utilizar para expresar numéricamente el aporte que cada productor involucrado en un grupo hizo al valor económico producido, es la llave que abrirá la puerta a un nuevo vínculo entre productores; vínculo con el cual superaremos la crisis actual generando más cultura civilizadora, humanizadora. Contribuiremos a cambiar los comportamientos depredadores incorporados durante el largo período de cazadores-recolectores, por los comportamientos humanizadores aprendidos durante los últimos milenios como productores. Continuaremos cambiando Barbarie por Civilización.

Para resolver el problema planteado en el párrafo anterior, ya se dijo en páginas anteriores que debe establecerse la relación entre la cantidad de valor efectivamente realizada en el intercambio del producto, lo cual se materializa en el mercado con el precio pagado por el producto y el aporte porcentual de cada productor involucrado. Por lo tanto, la referencia fundamental es el *precio pagado*; o sea, el valor concreto por el cual se cambia el producto. De esta manera pierde toda importancia la discusión entre quienes sostienen la teoría del valor-trabajo, pretendidamente objetiva, y quienes sostienen la teoría de la utilidad marginal, pretendidamente subjetiva. Puede que el precio de un bien sea la conjunción de ambas teorías pero, a los fines de la equidad en la distribución del valor del bien, que es lo definitivamente importante, lo que cuenta es lo que efectiva y materialmente se entrega a cambio de ese bien: *el precio pagado*.

Individualismo

Cuando el valor de lo individual está por encima del valor de lo grupal, entonces estamos en presencia de *individualismo*.

Es individualista quien tiende a obrar según su propia voluntad, sin considerar las consecuencias de ello para con los demás individuos y sin atender a las normas de comportamiento que regulan sus relaciones, otorgando primacía al individuo respecto de la colectividad.

Este comportamiento generalizado es otro síntoma del agotamiento de los vínculos con los que nos hemos relacionado hasta finales de la Modernidad.

La exaltación de lo individual, el priorizar lo individual, es señal de un individuo que está necesitando del grupo, pues está carenciado de los vínculos que le proporcionan humanidad, que le sostienen como ser humano.

Lo contrario, el *colectivismo,* es el síntoma complementario del *individualismo*; también resulta de la decadencia sistémica causada por el agotamiento de los vínculos mencionados. El colectivista tiende a obrar según la pretensión de desvalorizar lo individual, priorizando lo social; es otra manera en que el individuo carenciado de vínculos con los otros trata de integrarse al grupo.

Pero ni el individualismo ni el colectivismo son estrategias válidas para resolver la problemática posmoderna [56]: ninguno de los dos crea un nuevo vínculo integrador ni podrán hacerlo porque la oposición entre el individuo y el grupo también ha agotado su eficacia. Un nuevo vínculo superador debe basarse en la concepción del individuo como diferenciación particular del grupo, como una versión singular de lo plural.

La culminación del proceso de individuación, tan largo como nuestra propia historia, fue realizada en la Modernidad. El vínculo del salario con el cual los productores establecieron una nueva relación social, superadora del vínculo del vasallaje, pudo ser desarrollado por individuos entre los cuales no era necesario, como requisito, una acumulación previa de riqueza importante, ni

---

[56] En el sentido cultural más amplio —o más bien dicho en el sentido de civilización— el uso que Arnold J. Toynbee haría del término para indicar la crisis del humanismo a partir de la década de 1870 está relacionado con fracturas amplias que exceden con mucho los aspectos estéticos y se relacionan con la organización social en su conjunto, como también lo observaría Marx, Freud y Nietzsche. https://es.wikipedia.org/wiki/Posmodernidad

tuvo como condición el detentar el poder político; bastaban la habilidad del artesano y la audacia del comerciante. Y, fundamentalmente, no fue privilegio de unos pocos sino que muchos individuos apelaron a ese vínculo para superar el agobio de la decadencia medieval. Este nuevo vínculo fue la base de sustentación del individuo.

Ha sido clave la importancia del rol del individuo en el progreso humano hacia la supervivencia definitiva de la especie y de la vida, a partir del incremento progresivo del control de los factores que la amenazan.

De diversas maneras, desde nuestros orígenes, han sido individuos quienes han concebido acciones que, realizadas por el grupo, han facilitado la protección y la obtención de alimentos [57]. El arco y la flecha, el curtido de las pieles, etc., fueron, sin duda inevitablemente, prácticas iniciadas por algún individuo de algún grupo, adoptándolas luego éste por su eficacia. Esos individuos que, en las condiciones generadas por el grupo, impulsaron mejoras grupales fueron privilegiados por el grupo, correspondiendo así a los aportes que aquél hacía. El grupo protegió a su protector y éste, por sus cualidades particulares, como la fuerza, la agilidad, la astucia, la valentía y la creatividad, fue consolidándose como líder, capaz de conjurar los peligros constantes a que estaban expuestos frente a las poderosas fuerzas de la Naturaleza, al ataque de animales depredadores y a la incursión agresiva de otros grupos de humanos [58] Esta colaboración entre líderes y liderados fue lo que generó el perfeccionamiento, la difusión y la consolidación de nuevas opciones para resolver la satisfacción de necesidades y deseos. Esto es, para lograr más independencia de los factores naturales y adaptarlos al ser humano. Y aunque la iniciativa de individuos destacados fue significativa, el individuo nunca estuvo ni actuó solo; por el contrario, lo hizo en las condiciones del grupo, en función de las necesidades y posibilidades del grupo, en el marco del grupo y con el grupo.

Cada individuo de un grupo desempeña un rol. El grupo es caracterizado por la conjunción de todos los roles individuales y cada individuo es expresión singular de esa conjunción.

La diferenciación individual del grupo es lo que llamamos *individuo* [59]

---

[57] Es lo que podemos observar en grupos de otras especies animales. (N de A).

[58] El relato homérico de las aventuras de Ulises es claro ejemplo de ello. (N de A)

[59] Como fundamento de esto basta considerar que cada individuo es engendrado por otros individuos,

No hubiese sido posible un Aristóteles sin un Platón, ni éste sin un Sócrates, un Protágoras, un Gorgias, un Critias; ni éstos sin un Pericles ni los llamados presocráticos como Tales, Pitágoras, Parménides, Heráclito, Anaximandro, Anaxímenes y tantos otros; ni éstos sin los Hesíodos ni los Homeros; ni cada uno de ellos sin un pueblo como el griego, diseminado en las islas y costas del Mediterráneo. Ni los griegos sin los persas, los fenicios, los egipcios... ¿Quién puede hoy negar que cada uno de nosotros es una conjunción particular de todos ellos y tantos otros, de antes y después de ellos? Cada acción, cada palabra, cada pensamiento, cada uno de nosotros ¿no somos una diferenciación de esa totalidad a la que llamamos Humanidad? Negarnos como herencia es negarnos a nosotros mismos. Sin los demás, sin los otros, desaparecemos, no existimos. La negación de los demás es la negación de uno mismo y la oposición a los otros es la oposición a uno mismo; ése es el resultado del individualismo: *uno contra uno mismo*. Una cosa es concebir al individuo como diferenciación del grupo y otra, muy distinta, es concebirlo como una singularidad ajena y opuesta al grupo.

---

no siendo aquél otra cosa que una conjunción particular de estos y, retrospectivamente, de todos sus ancestros. Pero esa conjunción no solamente es biológica sino que es también social, pues cada uno de nosotros es la integración de todos aquellos con quienes, de múltiples maneras, ha vivenciado experiencias. El lenguaje es otra prueba de ello: cada sonido emitido al hablar, es un sonido social. (N de A).

Los vínculos fundamentales

Dos son los vínculos fundamentales para el proceso civilizatorio a través del cual mejoramos, profundizando y ampliando, nuestra humanización. Esto es, que nos humanizamos, nos hacemos progresivamente más humanos, nos mejoramos como humanos profundizando y ampliando la civilidad, la cultura. Aumentamos nuestra creatividad y, con ella, nuestra libertad y nuestras habilidades para transformar nuestra realidad y conservar, potenciar y mejorar la vida toda.

Esos dos vínculos son *el afecto* y *la estrategia para la producción.*

El **vínculo afectivo** es lo que nos mantiene unidos entre nosotros al reconocernos semejantes y valiosos. El **vínculo productivo** es el modo en que nos unimos y organizamos para sobrevivir y perpetuar la especie y la vida, creando, produciendo y distribuyendo el valor de lo creado.

Las actividades centradas en el mejoramiento de estos vínculos son necesariamente integradoras y por ello otorgan sentido a la existencia.

Estos vínculos están relacionados con la práctica de la civilidad; no con os comportamientos de la barbarie.

Con la producción agrícola nos obligamos al sedentarismo; con éste, concebimos el vínculo productivo y creamos las condiciones para el desarrollo del vínculo afectivo.

El sedentarismo hizo necesario el establecimiento de normas de convivencia y los vínculos productivos que entonces se originaron como el de la esclavitud, luego el del vasallaje y luego el del salario, de leyes que, a su vez, los potenciaron, en un proceso de retroalimentación que culminó cuando el vínculo salarial agotó su eficacia.

Los vínculos productivos han unido siempre a las personas en cuyos comportamientos predominó la tendencia a la producción y con ella, a la civilización.

Para superar el conflicto original es necesario un nuevo vínculo productivo y una reforma en el sistema de representación política que mejore la democracia con más democracia.

El proceso de humanización

La humanización, ese proceso durante el cual nos fuimos transformando desde ser solamente un animal similar a los demás animales hasta diferenciarnos en lo que somos, humanos, tiene como característica fundamental la transformación del medio para adaptarlo a nosotros; lo contrario de lo que hacen los demás seres vivos que es el transformar su biología para adaptarse a las condiciones del medio. Cada animal tiene su hábitat definido, para el cual ha desarrollado adaptaciones biológicas muy precisas que le permiten lograr la supervivencia de los individuos y de la especie… en ese hábitat determinado. Ante los cambios relativamente bruscos en uno o varios factores del hábitat, los animales, cuya adaptación es tan precisa, suelen morir y extinguirse por la imposibilidad de realizar cambios adaptativos rápidos en su propio organismo. En cambio, nosotros hemos invertido la estrategia y lo que hacemos es transformar el hábitat para perpetuarnos sin modificar nuestro organismo. Esta estrategia se basa en un factor clave: la creatividad; esto es, el darle un nuevo uso a un objeto conocido, como una piedra empleada como proyectil, o la combinación de elementos conocidos para formar uno nuevo, como la unión de una piedra con filo y un palo, para formar un hacha o una lanza.

El comienzo del proceso de humanización, esto es, la transformación de animales a seres humanos, lo iniciamos con la fabricación de las primeras herramientas, hace más de dos y medio millones de años. Desde entonces, transcurrimos un muy largo período durante el cual la creación de nuevos utensilios y herramientas fue extremadamente lenta. El salto lo dimos con la llamada revolución agrícola, iniciada hace menos de veinte mil años. Hasta ese momento, los pequeños grupos de humanos que migraban con el cambio de las estaciones en busca de alimento, se diferenciaban muy poco de los otros animales pues como estos, se alimentaban de los vegetales que encontraban y de la poca caza que lograban con sus rudimentarias armas. Las relaciones entre los miembros del grupo y las de un grupo con otro, no diferían de las de cualquier animal semejante, estaban dictadas por el instinto, el impulso biológico y la fuerza. Con la producción agrícola eso comenzó a cambiar por dos razones fundamentales: la primera, la producción agrícola en sí misma, porque esta exige planificación, técnicas y cuidados que impulsaron la división del trabajo y por ende, una nueva organización grupal; la segunda, el comienzo del sedentarismo, pues el grupo productor debía permanecer en el mismo lugar, por lo menos desde la siembra hasta la cosecha, lo cual implicó establecer normas de convivencia que se oponían a las prácticas instintivas; o sea, el nacimiento de la moral y de las leyes.

Los humanos descubrimos que producir lo que necesitábamos era mucho más ventajoso para sobrevivir que cazar y recolectar alimentos. Y allí comenzamos el proceso civilizador, la profunda y definitiva transformación del animal en hombre; transformación que aún no hemos terminado pero cuyo progreso, con altibajos, vamos llevando hacia su culminación.

La economía "infectada"

El artículo periodístico que transcribo a continuación, hoy, 25 de marzo de 2020, contiene los elementos suficientes como para confirmar lo que se viene sosteniendo desde el principio en este trabajo, iniciado hace ya más de un año: el agotamiento del sistema económico en su forma actual, el Capitalismo y de su ideario, el Liberalismo. Además, muestra una relación sospechosa [60] entre la crisis económica y la pandemia declarada sin suficientes fundamentos estadísticos y científicos [61].

"Infobae - Miércoles 25 de Marzo de 2020

Coronavirus

Coronocrash: predicen una ola mundial de defaults soberanos y corporativos en medio de la pandemia

En un artículo en la publicación Tribune Magazine, Jerome Roos, un académico inglés del London School of Economics que reconoce influencia de trabajos de Martín Guzmán, trazó un sombrío pronóstico de las consecuencias económicas del virus.

Según Roos, el desafío del coronavirus encuentra a la economía mundial sobreendeudada y "financierizada".

Ante la consulta de Infobae de si en el actual contexto al gobierno argentino le conviene avanzar en su restructuración de deuda, Jerome Roos, académico del London School of Economics, respondió que todos los gobiernos necesitarán "todo el espacio fiscal del que puedan disponer" para responder a la emergencia sanitaria pública. "Si Guzmán puede reestructurar la deuda ordenadamente antes de que el shock sanitario y económico impacten con todo, ciertamente beneficiará la capacidad del gobierno de concentrar su energía y sus

---

[60] A la fecha en que se está terminando de revisar este trabajo, 11 de Abril de 2202, esta sospecha va siendo confirmada por sucesivos informes bien fundamentados que circulan por las redes sociales. (N de A).

[61] Un día después del pie de página anterior, hoy, 12 de abril de 2020, acabamos de ver más que confirmada no solamente la sospecha mencionada sino la afirmación que vengo sosteniendo desde el principio de este escrito y desde hace años, incluso varios antes de comenzar a escribirlo: esta crisis es la crisis terminal. Esta confirmación está documentada en el artículo periodístico publicado hoy por el diario on-line Infobae, con el título "Ola de defaults y el impacto de una invasión alienígena: los gurúes económicos y sus teorías sobre el origen del coronacrash y el día después". Con distintos argumentos los economistas citados en el artículo, Kenneth Rogoff, Dani Rodrik, Joseph Stiglitz, Francis Fukuyama, Norman Loayza, Steven Pennings y Robert Barro, coinciden en que esta crisis es más que grave, incluso algunos afirman que no se ha producido otra de esta magnitud durante los últimos 150 años. (N de A).

recursos en limitar el daño social y económico de la pandemia", señaló.

Según el autor de "¿Why not default?", obra que el presidente Alberto Fernández conoció a través del ministro Guzmán, "cuanto más se arrastre la cuestión de la deuda, menos capacidad tendrá el gobierno de estar a la altura del desafío principal que tiene por delante". Por eso, concluyó, "me da la impresión de que sería bueno que vaya adelante".

La pregunta de este medio surgió luego de una publicación de Ross en Tribune Magazine publicada originalmente bajo el título "El diluvio de deuda que viene", que se traduce completa a continuación.

El diluvio de deuda que viene

"Mientras la pandemia del coronavirus se expande violentamente por el globo amenazando dejar a su paso una catástrofe humanitaria, el mundo se halla de pronto ante un experimento sin precedentes: ¿qué pasa cuando se fuerza un cierre de actividades productivas y comerciales en una economía ya afligida por años de crecimiento anémico y niveles récord de endeudamiento?

Según el Instituto de Finanzas Internacionales, la deuda mundial llegó a 253 billones (millones de millones) de dólares en 2019, ó 322% del PIB global, lo más alto que ha estado jamás. Ahora que grandes partes de Europa siguen el ejemplo de China e imponen aislamientos de vasto alcance aumenta la preocupación sobre la viabilidad de esa enorme pila de deuda.

En la aguda contracción económica de los próximos meses, que se espera será la peor de la historia en tiempos de paz, los deudores tendrán serios problemas para pagar. Esto podría desatar una crisis internacional que hará parecer el crash y la recesión global de 2008/2009 un juego de niños.

Riesgo de Depresión

La vulnerabilidad sistémica es anterior a la pandemia y se fue armando durante más de un decenio. Durante años, los expertos reiteraron alertas sobre el aumento de los niveles de deuda global. Varios notaron que incluso un shock relativamente leve, como un aumento de las tasas de interés, podía sumir al mundo en una nueva crisis financiera. En enero pasado, Kristalina Georgieva, la directora del FMI, expresó su preocupación de que una ola de inestabilidad global bien pudiera volver la economía mundial susceptible a repetir 'la gran depresión'.

La directora gerente del Fondo Monetario Internacional (FMI), Kristalina Georgieva, realiza comentarios en la conferencia de prensa inicial de las reuniones anuales de otoño boreal del FMI y el Banco Mundial de ministros de Finanzas y gobernadores de bancos centrales en Washington, Estados Unidos. 17 de octubre, 2019. REUTERS/Mike Theiler.

Entonces, poca gente podía prever el alcance e intensidad de la emergencia de salud pública que aún tenemos por delante. Pero a diferencia de la nueva variedad de coronavirus que gatilló esta crisis, las montañas de deuda que amenazan hundir la economía mundial no son una fuerza de la naturaleza; son algo hecho por el hombre y en buena medida consecuencia del modo particular en el que los hacedores de política económica lidiaron con la última crisis financiera.

Los gobiernos respondieron al crash de 2008 rescatando a las instituciones financieras y con un rápido aumento de los niveles de deuda pública, en especial en Europa, donde la resultante pérdida de confianza de los inversores llevó a crisis de deudas soberanas europeas, nunca realmente resueltas. Esta segunda etapa de la crisis financiera global marcó el inicio de una década de austeridad, con varios gobiernos cortando el gasto social —incluyendo al sector salud— y haciendo todo lo que pudieran para la recuperación del sistema financiero global.

Los bancos centrales líderes se sumaron al esfuerzo para preservar una economía mundial financierizada, cortando las tasas de interés a pisos históricos y poniendo el equivalente a 11 billones de dólares en circulación a través de programas de 'aflojamiento cuantitativo'. Estas dramáticas intervenciones monetarias ayudaron a evitar un colapso del sistema financiero global, pero al costo de una nueva ola de inversión especulativa y un rápido aumento de los niveles de deuda global, que dejaron a la economía mundial muy vulnerable a un shock externo imprevisto.

¡Y vaya que tuvimos un shock! Cierre casi completo de las actividades productivas y comerciales en algunas de la economías mundiales líderes, combinado con un colapso del precio del petróleo, seguido por un sincronizado y casi instantáneo crash de los mercados de dinero y de capital, que amenaza con congelar el sistema de crédito y pagos internacional, entre temores de un colapso de las cadenas de abastecimiento global y una disparada de los niveles de desempleo. Si alguna vez hubo una tormenta perfecta, debe ser ésta.

Con los mercados financieros derritiéndose en las últimas dos semanas, los principales bancos centrales volvieron a intervenir agresivamente, bajando otra vez las tasas de interés a sus mínimos históricos y extendiendo líneas de canje, pantagruélicos programas de 'aflojamiento cuantitativo' y de recompra de bonos. Pero incluso en combinación con las bazookas fiscales desplegadas por algunos gobiernos occidentales, tal vez no sea suficiente para detener la ola de quiebras y defaults de deuda que emergerá del abrupto freno de la economía real.

Italia y el 'riesgo existencial' a la eurozona

El país más devastado por el coronavirus es también el más endeudado de Europa y el cuarto más endeudado del mundo, con la banca muy expuesta a defaults corporativos y a bonos del propio Tesoro italiano.

Hay tres áreas de preocupación en particular. Primero, la cruel ironía de que el país más afectado por la pandemia —Italia— sea también el de mayor carga de deuda en Europa (y el cuarto del mundo). El sector bancario italiano, todavía sobrecargado por los préstamos morosos, y muy expuesto a la deuda de su propio gobierno, es uno de los más frágiles del continente. Según Financial Times, el colapso económico italiano es una "amenaza existencial" a la eurozona y al sistema financiero europeo.

Una segunda área de preocupación son los rápidamente crecientes niveles de deuda de los mercados emergentes y países en desarrollo. En diciembre pasado, antes de que el brote de la epidemia de coronavirus fuera oficialmente reconocido, el Banco Mundial ya alertó sobre una gran crisis de deuda global, debido a la "más grande, rápida y amplia" ola de acumulación de deuda en el Sur Global de los últimos 50 años.

Según el FMI, casi la mitad de los deudores del África sub-sahariana están en riesgo de (o ya bajo) estrés de deuda. En América latina, Venezuela está en default, Ecuador abandonó un programa del FMI por protestas masivas en 2019 y Argentina está involucrada en una compleja renegociación de su deuda con el Fondo, apenas un año y medio después de recibir el mayor rescate histórico del FMI. El Líbano suspendió el pago de un Eurobono de 1.200 millones de dólares hace pocas semanas. Y más países les seguirán, inevitablemente.

Hasta ahora, los mercados emergentes han sido particularmente golpeados por el pánico de los inversores en respuesta a la emergencia de salud, experimentando una dramática salida de fondos desde principios de año. Como ha notado Adam Tooze, la fuga de capitales de los mercados emergentes alcanzó los 55.000 millones de dólares en las ocho últimas semanas, a un ritmo que duplicó el de la crisis de 2008. Otra ola de defaults asoma si estas salidas no se detienen pronto.

Finalmente, la tercer área de preocupación tiene que ver con el rápido aumento del endeudamiento de firmas no bancarias. En octubre pasado, el FMI alertó sobre la bomba de tiempo de 19 billones de dólares de deuda debajo de la superficie de la economía mundial. El Fondo halló que más del 40% de la deuda en 8 economías líderes no podría ser servida en caso de una recesión que fuera la mitad de severa que la de 2008. Por cómo lucen las cosas ahora, estamos al borde de algo mucho peor que eso.

Sólo este año, 2 billones de deuda corporativa deben renovarse. Pero con los mercados congelados y los prestamistas reacios a conceder nuevos créditos corporativos, muchas firmas no podrán cumplir sus pagos en los próximos meses. Aunque los bancos norteamericanos son más sólidos de lo que eran en 2008 y es improbable que tengan problemas pronto, la ola de quiebras corporativas tendrá efectos de nocaut sobre el sector bancario no regulado (shadow banking), que deglutió billones de dólares en bonos corporativos de riesgo durante el boom especulativo motorizado por los bancos centrales durante la última década.

Aviones en tierra

Según Roos, las aerolíneas internacionales, las automotrices europeas y las petroleras "no convencionales" de EEUU son los sectores corporativos más complicados, y tienen una pesada agenda de vencimientos de deuda en 2020.

Un giro adicional es que algunos de los sectores más endeudados, con los más grandes vencimientos de bonos este año, son también los más expuestos a la crisis por la pandemia: las aerolíneas internacionales, las automotrices europeas y las petroleras americanas del sector 'no convencional' (éstas últimas doblemente afectadas por la caída de la demanda de petróleo y la guerra de precios lanzada por Arabia Saudita).

La burbuja de deuda corporativa explotará con fuerza. Según un reciente estudio de la OCDE, más de la mitad del crédito pendiente en bonos corporativos con 'grado de inversión' tienen una calificación de riesgo BBB, apenas un escalón del status de deuda basura. Además, una porción significativa de las compañías con cotización pública (16% en los EEUU y 10% en Europa) ya eran consideradas 'firmas zombie' antes de la pandemia. Muchas de ellas caerán en el diluvio de deuda que viene.

La pandemia del coronavirus puede así terminar poniendo en riesgo existencial no sólo a millones de humanos, sino también a la economía mundial financierizada y basada en el endeudamiento, cuyas recurrentes crisis definieron nuestra era.

¿Será este status quo capaz de sobrevivir el experimento económico sin precedentes de cuarentenas colectivas y cierres nacionales en todo el globo? Es muy pronto para decirlo. Pero algo es claro: el capitalismo global se encuentra en un punto crítico. El modo en que esta crisis se resuelva moldeará la historia mundial en las décadas por venir."

El Bien y el Mal

Como quedó demostrado en la conclusión de este trabajo, hemos sacado las cáscaras metafísicas al Bien y al Mal, que tan adecuadamente les construyeron antepasados como Moisés, que con la Ley de los Diez Mandamientos dio inicio, entre los hebreos, a la diferencia entre el obrar bien y el obrar mal, y como Sócrates, que entregó su vida en defensa de la Ley porque, como Moisés, para él obrar bien era obrar de acuerdo con las leyes, y para ello, debía reflexionar para conocer el Bien porque el que conoce el Bien, necesariamente obrará bien.

Hemos traído al Bien y al Mal de sus ámbitos sobrenaturales a la naturalidad de nuestros comportamientos cotidianos.

Durante los primeros milenios de nuestra civilización, los productores, en su esfuerzo por imponer el comportamiento favorable a la humanización recurrieron a las poderosas fuerzas de la naturaleza, cuyo origen desconocido fue atribuido a seres sobrenaturales, haciendo recaer en éstos la autoridad para cambiar los hábitos instintivos, bárbaros, por comportamientos que mejoraran la condición humana.

El paso de la barbarie a la civilización implicó un inmenso esfuerzo de aquellos que comprendieron las ventajas del comportamiento del productor sobre el del cazador-recolector, en función de la supervivencia y el mejoramiento de las condiciones de vida de los grupos humanos.

El comportamiento del productor reúne un conjunto de actividades que están enfrentadas con los impulsos del instinto animal, también orientados a la supervivencia pero limitados a la alimentación inmediata y a la reproducción individual; esto es, a la producción y reproducción del individuo. Estos instintos debían ser dominados y esos impulsos orientados a la producción y reproducción de la especie, lo cual se vio necesario de lograr para poder realizar el trabajo agrícola, con el cultivo de vegetales nutritivos.

Los comportamientos instintivos no responden a normas que los regulen sino a impulsos biológicos. Estos comportamientos impiden las actividades necesarias para la producción agrícola, que necesita de planificación, trabajos grupales regulares, convivencia sedentaria y pacífica, división del trabajo, organización y dirección de las tareas, distribución del producto con algún criterio compartido y varias otras actividades que requieren de actitudes racionales, pacíficas y respetuosas. Para que estos comportamientos fueran asumidos por todos los miembros del grupo, debido a la resistencia del instinto fue necesario apelar a fuerzas que aparecieran superiores a las humanas y los líderes productivos recurrieron al temor que producían las fuerzas de los fenómenos naturales como el sol, el trueno, etc., convirtiéndolos en deidades y establecieron la relación de los comportamientos del productor con lo que agrada a los dioses, y el comportamiento instintivo del cazador-recolector, con lo que los desagrada. Promovieron así la idea de que el bien del individuo y del grupo dependía del beneplácito de los dioses y que el mal comportamiento traería graves consecuencias para el individuo y para el grupo.

El Bien, entonces, está conformado por los comportamientos que nos mejoran como especie, que nos humanizan, que mejoran nuestro bienestar grupal e individual, y el Mal, obviamente, conformado por los comportamientos opuestos. Ambos están a partir de ahora a nuestro alcance pues son nuestros propios comportamientos.

Los comportamientos deseables fueron establecidos como leyes, dados a conocer a todos los miembros del grupo y su incumplimiento fue reprobado y castigado, incluso categorizado como pecado.

El esfuerzo por el cambio debió hacerlo cada uno de los miembros del grupo.

A partir de ahora, luego de casi veinte mil años de ese esfuerzo, podemos ver cara a cara al Bien y al Mal: Dios y el Diablo ya no son entidades externas, ni sobrenaturales ni metafísicas, sino que ahora están dentro de nosotros, en cada uno de nuestros comportamientos.

ANEXO

"Los únicos pueblos con porvenir, las únicas naciones que pueden figurar dignamente en la historia son las que comprenden el valor de sus instituciones y saben apreciarlas debidamente."

(Tolstoi)

Propuesta de ley

Proyecto de ley nacional

Control ciudadano del compromiso del funcionario político

Fundamentación:

Este proyecto de ley tiene el propósito de introducir una mejora en nuestro sistema democrático.

Por el artículo veintidós de nuestra Constitución Nacional, el Pueblo, que es el Soberano, delega su poder en representantes que elige regularmente para que se ocupen de la cosa pública. Estos funcionarios acceden al cargo político mediante comicios durante los cuales desarrollan campañas con el fin de obtener el aval de los ciudadanos, para lo cual difunden algunas propuestas de gestión con las que pretenden convencer a la ciudadanía de que ellos son las personas adecuadas para administrar los recursos que el pueblo pone a su disposición para lograr el bien común. Muchas de esas propuestas que no fueron explicitadas sino sólo enunciadas apelando más a la emoción que a la razón del ciudadano elector, no son realizadas luego por el funcionario electo por diversas razones como que las circunstancias cambiaron, que los recursos no alcanzaron debido a que no eran los que se preveía, que el funcionario las olvidó o que sólo se usaron durante la campaña para convencer al ciudadano elector para conseguir su voto. En cualquier caso, el resultado es la frustración de la ciudadanía.

Si bien está contemplado un control de los tres poderes de la república, entre sí, no solamente esa previsión no funciona como debería a causa de los intereses corporativos que se producen entre los miembros de un mismo partido político que ocupan cargos en poderes diferentes, sino que, además, no está contemplado el control sobre el compromiso de campaña en la gestión, que es de lo que este proyecto se ocupa.

Al delegar todo el poder, el Pueblo queda indefenso frente a la subjetividad de los funcionarios electos. Esta debilidad de nuestra organización política, de nuestro sistema democrático, facilita el acceso al poder a ciudadanos que, o no se han preparados suficientemente para ejercerlo con eficiencia y responsabilidad, o lo usan en beneficio propio y no para el logro del bien común, que es la finalidad para la cual se le ha delegado ese poder; de tal manera que el propósito de la Democracia, que es el bien común, está dependiendo del azar; esto es, que la ciudadanía, que no cuenta con elementos ni información adecuados para elegir a sus representantes, tenga la suerte de decidir por una persona honesta y capaz.

Siendo así, es necesario mejorar nuestra democracia, forma de gobierno siempre perfectible, agregándole el control ciudadano sobre la gestión del funcionario político electo; esto es, el Pueblo soberano ejerciendo su soberanía.

Para ello, la Honorable Cámara de Diputados/Senadores de la Nación Argentina, establece con fuerza de

LEY

Art. 1º) Créanse, a los efectos de esta ley, una Secretaría Nacional Autónoma Permanente de Control Ciudadano en la Capital Federal y una Secretaría Provincial Autónoma Permanente de Control Ciudadano en cada Provincia.

Art. 2º) Las Secretarías Autónomas Permanentes de Control Ciudadano, estarán integradas por un ciudadano cada una, a quien se designará como Secretario de Control Ciudadano.

Art. 3º) Las Secretarías Autónomas Permanentes de Control Ciudadano tendrán las siguientes funciones:

- Ser depositarias de los Compromisos de Gestión de los ciudadanos que se proponen como candidatos a ocupar un cargo como funcionario.

- Informar a la ciudadanía, a través de los medios de comunicación pertinentes y adecuados, y dentro de los diez días inmediatamente posteriores a su recepción, de los Compromisos de Gestión presentados por los candidatos propuestos para ocupar un cargo como funcionario.

- Observar el cumplimiento del Compromiso de Gestión de los

funcionarios.

- Recibir la denuncia de cualquier ciudadano contra un funcionario político, por incumplimiento del Compromiso de Gestión.

- Ante la denuncia de un ciudadano, la Secretaría APCC correspondiente deberá conformar, dentro de los treinta días subsiguientes a la recepción de la denuncia, una Comisión Transitoria de Control Ciudadano nacional, provincial o municipal, según corresponda al ámbito de influencia del funcionario denunciado.

- Informar a la ciudadanía, a través de los medios de comunicación masiva y de una página web creada a este propósito, de las denuncias pertinentes y dentro de los tres días inmediatamente de producidas.

- Disponer los recursos necesarios y suficientes como para que la Comisión Transitoria de Control Ciudadano realice su finalidad.

- Proveer a la CTCC de la denuncia mencionada en el inciso "e".

- Informar a la ciudadanía y a los tres poderes del Estado de sus actividades y las de la Comisión TCC.

- Mantener un archivo que registre toda la actividad de la Secretaría APCC y de la Comisión TCC.

Art. 4º) El ciudadano que se proponga como candidato a ocupar un cargo público en calidad de funcionario político del estado nacional, del provincial o del municipal, deberá presentar un escrito firmado de su puño y letra, en el que detalle las acciones que llevará a cabo durante su gestión en caso de ser elegido.

Art. 5º) El escrito mencionado en el artículo precedente, estará titulado como "Compromiso de Gestión".

Art. 6º) En el Compromiso de Gestión el candidato deberá consignar claramente:

a) qué gestiones realizará; b) cuál es la finalidad de cada gestión; c) con qué recursos materiales, financieros y humanos lo hará; d) con qué procedimiento;

e) cuándo comenzará su ejecución; y f) cuánto, aproximadamente, durará la misma.

Art. 7º) El Compromiso de Gestión deberá ser presentado por el ciudadano candidato en la SAPCC correspondiente al cargo al que se postula.

Art. 8º) La presentación del Compromiso de Gestión por parte del ciudadano candidato ante la SAPCC deberá realizarse con no menos de noventa días antes de finalizar el plazo para la presentación de las candidaturas ante la Secretaría Electoral correspondiente.

Art. 9°) Es condición obligatoria la presentación del Compromiso de Gestión de todo ciudadano que pretenda presentarse como candidato para competir electoralmente con el propósito de desempeñar una función pública. Si no lo hiciera en los tiempos y las formas establecidos en los artículos 4°, 5°, 6°, 7° y 8° de esta ley, no será reconocida su candidatura por la Justicia Electoral.

Art. 10°) La Comisión Transitoria de Control Ciudadano, creada según se establece en el inciso "e", del art. 3° de esta ley, estará integrada por doce ciudadanos.

Art. 11°) Los miembros de la CTCC serán ciudadanos elegidos por procedimiento instrumentado por el Secretario de la SAPCC, del mismo modo y con los requisitos y limitantes que se determinan para la elección del Secretario en los arts. 28° y 29° de esta ley.

Art. 12°) La función de miembro de la CTCC será de carácter obligatoria para el ciudadano designado y sólo podrá exceptuarse de cumplirla si mediaran razones de fuerza mayor, insalvables y debidamente certificadas por autoridad pública.

Art. 13°) La Comisión Transitoria de Control Ciudadano, provista por la SAPCC de la denuncia correspondiente procederá a informar al funcionario denunciado haciéndole llegar una copia de la misma y luego se abocará a la evaluación de ésta, a cuyo efecto podrá requerir información a instituciones públicas y privadas de cualquier orden, categoría o denominación, y a ciudadanos que pudiesen estar relacionados con el objeto de la denuncia, incluyendo al funcionario político involucrado.

Art. 14°) El funcionario político denunciado podrá presentarse ante la CTCC y proceder a efectuar su descargo o defensa. Contará, para ello, con un plazo de sesenta días corridos, a contar desde la fecha de su notificación.

Art. 15°) La CTCC trabajará sobre el caso durante los sesenta días subsiguientes a su primera reunión, con opción a extender ese plazo durante treinta días más, al final de los cuales emitirá un Dictamen que deberá estar avalado por lo menos por los dos tercios del número de sus miembros.

Art. 16°) Los miembros de la CTCC cesarán en sus funciones

inmediatamente después de cumplido el lapso para el cual fueron designados.

Art. 17º) En el caso en que en su Dictamen la CTCC determinara que la denuncia causante carece de fundamentos suficientes, remitirá las actuaciones a la SAPCC para que ésta realice los informes correspondientes, difunda el Dictamen por los medios de comunicación masiva y posteriormente archive la documentación.

Art. 18º) Si, contrariamente a lo considerado en el artículo precedente, la CTCC determinase que el denunciado ha incurrido efectivamente en incumplimiento del compromiso de gestión, incluirá en su Dictamen una sanción acorde a la gravedad de lo incumplido, que podrá consistir en desde un llamado de atención para que el funcionario dé cumplimiento a su compromiso en un plazo determinado, hasta su destitución inmediata.

Art. 19º) Dentro de los diez días a contar del momento de su notificación, los dictámenes de la CTCC podrán ser puestos en duda por el funcionario político cuestionado o por el ciudadano denunciante, quienes deberán presentar, por escrito y ante el Secretario de la SAPCC un pedido de reconsideración del Dictamen, el que deberá contener como mínimo nuevos datos y, o nuevos argumentos relacionados con el caso.

Art. 20º) Ante la presentación de un pedido de reconsideración de Dictamen, el SAPCC conformará una nueva CTCC mediante el mismo procedimiento que se empleó para la conformación de la primera CTCC, con exclusión de los miembros de ésta.

Art. 21º) Será también motivo de la conformación de una segunda CTCC, el que los miembros de la primera no hayan logrado el acuerdo de sus dos tercios para definir un dictamen.

Art. 22º) Por causa de cualquiera de las situaciones mencionadas en los arts. 20º y 21º de esta ley, la segunda CTCC se abocará a la revisión del Dictamen emitido por la primera CTCC y dispondrá de los treinta días subsiguientes al de su primera reunión para emitir un nuevo Dictamen.

Art. 23º) El Dictamen de la segunda CTCC será incuestionable e inapelable.

Art. 24º) En caso en que la segunda CTCC no pudiera emitir Dictamen en razón de no lograr el acuerdo de los dos tercios de sus miembros, presentará ante el Secretario de la SAPCC un informe detallando todo lo actuado, incluyendo las opiniones de todos y cada uno de los miembros de la CTCC y dando fin a las actuaciones, declarando además la inviabilidad de la denuncia que las originó.

Art. 25°) Si ocurriera que, mientras los miembros de una CTCC están considerando una denuncia se produjese otra, ya sea por incumplimiento del Compromiso de Gestión del mismo funcionario ya denunciado o de otro funcionario, la Secretaría no convocará a otros ciudadanos para conformar otra CTCC sino que remitirá la denuncia a los miembros de la Comisión actuante, la cual dispondrá de otro lapso igual al anterior para la evaluación de la nueva denuncia y su resolución.

Art. 26°) Si la CTCC dictaminase, en última instancia, que la presentación de la denuncia fue realizada de "mala fe", no habiendo constatado ninguna relación entre la misma y la gestión del funcionario denunciado, podrá éste solicitar ante la SAPCC una sanción para quien presentó la denuncia. El tipo de sanción y el modo de su aplicación, estarán a cargo de la Secretaría y serán determinados por la reglamentación de esta ley.

Art. 27°) La remuneración del servicio de los funcionarios de las secretarías y la de los comisionados transitorios, será igual a la del director de la escuela primaria que se encuentre más cerca de la sede de la secretaría.

Art. 28°) Para la designación de los primeros secretarios de control permanente, la Secretaría Electoral de la Nación confeccionará los listados con todos los ciudadanos nativos, mayores de treinta años de edad, que residan en la localidad en que podrían desempeñarse, que hayan completado sus estudios de nivel medio o secundario y que no registren antecedentes policiales; presentará esos listados ante los poderes ejecutivos de la Nación, de cada Provincia y de cada Municipalidad, los cuales procederán notificar del sorteo selectivo a todos los ciudadanos de las listas y realizarán ese sorteo público mediante el procedimiento que se use en las loterías nacional y provinciales, con los números del DNI de aquellos que no hayan solicitado la excepción por razones de fuerza mayor, presentando la certificación correspondiente. En caso de vacancia absoluta en alguna localidad, se cursará el ofrecimiento a los ciudadanos mayores de veinte años de edad que cumplan con los requisitos mencionados.

Art. 29°) Están inhabilitados para desempeñar la función de Secretario o la función de Comisionado, quienes estén trabajando en las fuerzas de seguridad, en cualquiera de sus versiones, quienes se encuentren condenados en causa criminal mientras subsistan los efectos jurídicos de la condena, quienes registren antecedentes policiales y quienes trabajen como empleados subordinados al funcionario público denunciado o registren algún grado de parentesco con éste.

Art. 30°) En caso de ser necesario remplazar transitoriamente, por licencia de algún tipo que supere el lapso de quince días corridos o definitivamente, por renuncia, jubilación o deceso de algún miembro de una SAPCC o de una CTCC, el Secretario de la Secretaría Nacional, Provincial o Municipal lo hará siguiendo el mismo procedimiento que se empleó para su nombramiento. Si el remplazo fuera el del Secretario Nacional, el procedimiento será realizado por la Secretaría Electoral.

Art. 31°) Para financiar los gastos que demande el funcionamiento de las SAPCC y de las CTCC, el Poder Ejecutivo Nacional dispondrá de una partida especial en su presupuesto anual. Los fondos aprobados serán depositados en una cuenta especial en el Banco de la Nación Argentina, a la que tendrá acceso el Secretario Nacional, quien deberá distribuirlos adecuadamente a todas las secretarías, depositando lo que corresponda en sendas cuentas del mismo banco. Este Secretario deberá, además, presentar una rendición semestral de gastos y un balance anual, ante el Tribunal de Cuentas de la Nación, ante el Poder Ejecutivo Nacional y ante la Cámara de Diputados de la Nación.

Art. 32°) Las SAPCC y sus correspondientes CTCC, fijarán sus respectivas sedes de funcionamiento en espacios físicos construidos por el Gobierno Nacional en cada localidad en que deban funcionar.

Art. 33°) De forma.

Sobre el autor

Ávido lector desde muy temprana edad, su inagotable curiosidad le llevó a incursionar en todos los géneros, especialmente en temas científicos y particularmente filosóficos y económicos. Nació en la provincia de San Juan, República Argentina, en 1954. Cursó estudios de filosofía y pedagogía en la universidad nacional de esa provincia. Desde sus diecisiete años y hasta cumplidos los cincuenta militó activamente en diversos partidos políticos, militancia que fue interrumpida parcialmente durante el gobierno del golpe de estado militar del '76. Instaurado nuevamente un gobierno democrático en el país, a partir del '84 se radica en la provincia de Neuquén, en la que se desempeña como docente y retoma la militancia política y social reorganizando la comisión de vecinos del barrio en que vive, en la que es elegido secretario. En el '86 se traslada a El Huecú, pueblo cordillerano de Neuquén en el que continúa ejerciendo la docencia y es designado delegado de la mutual de los trabajadores de la educación de esa provincia, a lo cual agregó luego el cargo de dirigente sindical del mismo sindicato. Allí coprotagoniza la creación de una cooperativa de consumo y luego, del primer partido político de orden municipal de Neuquén, el que al cabo de diez años de proselitismo logra el gobierno de la localidad. Decepcionado del accionar de los dirigentes de ese partido y del sindicato renuncia a ambas organizaciones y al poco tiempo es convocado para oficiar de asesor del vocal de la rama primaria del Consejo Provincial de Educación de la provincia, por lo cual se traslada con su familia a la capital provincial, donde reside hasta pocos años después de su jubilación y la de su esposa, que compartió con él el ejercicio de la docencia. Actualmente está radicado con su familia nuevamente en la provincia natal del matrimonio.

Bibliografía

Aristóteles (384-322 AC). (2003). *Ética.* Argentina: Libertador.

Constitución de la Nación Argentina (vigente).

Fromm, Erich. (1984). *La condición humana actual.* Ed. Paidós, Tercera edición.

García Reyes, Karina. (2018-2019). *Pobreza, género y violencia en las narrativas de 33 ex narcos: entendiendo la violencia del tráfico de drogas en México.* Facultad de Ciencias Sociales y Leyes de la Universidad de Bristol.

Gomá Lanzón, Javier. (2013, Dic., 12). *Entrevista.* Foreign Affairs.

Hayek, Friedrich. (2018). *Camino de Servidumbre,* Cap. XIV. Madrid: Unión Editorial. Consultado en marzo de 2020. Disponible en https://www.elcato.org/bibliotecadelalibertad/camino-de-servidumbre/capitulo-xiv

Homero (S. VIII AC). *La Odisea.* (1994). M. E. Editores.

Lipovetsky, Gilles. "La era del vacío"- trad. Joan Vinyoli y Michele Pendanx. (1986). Ed. Anagrama. Barcelona.

Lumbreras, Luis y Otros. (2010). "Economía prehispánica", tomo 1. Perú: Ed. Carlos Contreras.

Márquez, Nicolás y Laje, Agustín. (2016). *El libro negro de la nueva izquierda.* Buenos Aires: Grupo Unión.

Marx, Carlos (1818-1883). (1863). *El Capital, versión del alemán por Wenceslao Roces.* México: FCE.

Marx, Karl (1818-1883). (1997). *Manuscritos,* de la introducción de Llorente, F. Buenos Aires: Atalaya SA.

Nietzsche, F. (1844-1900). (2012). *La voluntad de poder.* Prefacio a la 21va. Edición. Edaf SL.

Sarmiento, Domingo Faustino (1811-1888). *Facundo.* (2005). Bs. As. Argentina: Ed. Catálogos. pp. 21, 22, 23.

Schiavoni, Humberto, Senador Nacional de la Rep. Argentina. (2020, Enero, 11) Diario Infobae versión on line.

Sennett, Richard, sociólogo estadounidense. (2018, Junio, 22). Entrevista. Clarín.com.

Wikipedia. Posmodernidad, consultado en marzo 2020. Disponible en https://es.wikipedia.org/wiki/Posmodernidad

<u>Imágenes de portada</u>:

Roger Kirby (lanza).
Rathnesh Bhatt (martillo)
Alonso Díaz (fondo)

<u>Diseño de portada</u>:
Lic. Eliana Mariel López Janavel (www.elianamariel.com.ar)

e-mail del autor: Prometeo1810@gmail.com